我が人生の交遊録

思い出の人 忘れ得ぬ人

塩澤実信

展望社

まえがき

昭和二十年代の後半から今日まで、リアルタイムで出版界にかかわってきた。その歳月は、既に七十年近くになっている。

その歳月の前半は、各社を転々とした編集者生活で、後半はフリーとして、出版界の落ち穂拾いの体で口に糊してきた。

三十年の節目に『出版社の運命を決めた一冊の本』(流動出版)を上梓したところ、僥倖にも朝日新聞の昭和五十五年七月七日朝刊、読書欄「著者と一時間」に『本と人間のドラマ　10社の決定的瞬間再現』の見出しで、かなりのスペースをさいて、次の通りに紹介された。

コンピューターでも予測できないのが出版の当たりはずれ。不確実性の時代に新商品を売り出すのは一種のかけかもしれない。

「ところが出版社にとっては年間を通じて売り出す一点一点の本が新製品でしょ。それだけでリスクも大きくなる。

全国三千七百余の出版社から十社を選び、『出版社の運命を決めた一冊の本』を書いた

動機は、編集者への応援歌のつもり。」（中略）

この本は出版界を扱っているが、本作りをめぐる人間くさいドラマでもある。作家はもちろん、ふだんは舞台の裏方に徹している名編集者や経営者たち百人あまりが実名で登場。運命の一冊に仮託して、現代出版史の決定的瞬間を再現してみせる。（後略）

出版関係には定評のある朝日新聞読書欄に、処女出版が好意的に取りあげられたことで、私のもとに原稿の依頼が細々と来るようになり、さらにＮＨＫ教育セミナー三週連続の「現代社会の構図・出版界最前線」のメイン解説者に招かれたことが、弾みをつけた。

以来、虚仮《こけ》の一念で出版を中心に、あまたの拙著を上梓してきた。

かえりみて、平穏には遠い半生であった。

生家が酒屋だったから酒には縁が深かったが、賭けごと、運動《スポーツ》、ゲームといった遊興の領域には関心が薄かった。

そんな無趣味な非才が編集長を務める週刊誌に、鬼才・色川武大に懇願して、「麻雀をやると徹夜になるから〝朝ダ徹夜ダ〟と、急ごしらえのペンネーム「阿佐田哲也」名で、『麻雀放浪記』を連載していただいた。

文壇の旗頭・吉行淳之介に「これだけ面白い悪漢小説（？）には、滅多に出逢えるものではない」と激賞された傑作であった。

スタートするや大好評で、低迷久しかった掲載誌の売れゆきに絶大な貢献をしてくれたばかりか、本名では容易に筆をとらない〝食客〟色川の生活援護？にも、きわめて大きな役割もはたした。

『麻雀放浪記』が話題になりはじめた頃、私は麻雀遊びにおくればせの入門を、ほのめかしたことがあった。

すると、鬼才はおだやかな表情ながら、二重瞼の大きな目で私をのぞき込むようにして、

「シオさん、こんな遊びをいまから覚えることはないですよ。あんたは賭けごとをやらないから、運を小出しに使っていない。だから、いい運をもってるんですよ」

と、ユニークな運勢観を漏らして、カンの悪いぼんくらの入門をやんわりたしなめてくれた。

彼がその時に言った「こんな遊び」の口吻《こうふん》には、唾棄するような侮蔑のひびきが感じられた。

その一方、色川は、私が出版関係三部作の出版記念会を企てた折り、発起人の一人に加わってくれたばかりか、出版三部作の一冊『作家の運命を変えた一冊の本』の帯に、気配りにみちたオマージュを寄せてくれた。

作家だけでは本はできない。一冊の本がヒットするまでには、必ずそれにふさわしい裏のドラマがある。そのドラマを知っているのは編集者だけである。

けれども彼等は裏方に徹する慣習もあって公の場ではなかなかしゃべらない。シオさん

は昔から信州人の気骨と出版人としての怜悧な眼を併せ持った編集者だったが、変わらぬ熱っぽさで近年著した『出版社の運命を決めた一冊の本』『創刊号に賭けた十人の編集者』とともに、この本もそうした立場からの貴重なエピソードを連ねてある。

これは戦後娯楽小説史であるとともに人間の営みを側面から捕まえた興味深い読み物にもなっている。

色川武大（作家）

いまにして思うと、麻雀に近づかなかったのは、博才《ばくさい》も金銭ずくもない無骨者にはよかったと考えられる。周辺を見ると、麻雀、競輪などの射幸に走った者の定職を離れた後の人生は、おしなべて暗く痛ましい。

さもなくても、編集者のリタイア後の足取りをみると、幸せとは言い難い。

毒舌評論で知られた大宅壮一は、「編集者女給論」を称えていた。

「編集者は女給と同じ一種の消耗品で、見目うるわしい頃は、銀座の一流バーでチヤホヤされるが、衰えるに連れて、だんだん場末の方へと落ちぶれてゆく」と。

私は〝一流〟のバーにやとわれるほどの才覚はなかったし、場末へ落ちぶれてゆく前に、言動に一貫性を欠いた職業軍人崩れの傀儡《かいらい》社長と、ラジカルな労組との板挟みになって、自ら社を退いていた。

さいわい、在社中は接客業の利で、幅ひろい人々との交流を楽しむことができた。

しかし、勤めから身を退けば、末成《うらな》りの糸瓜《へちま》風情などと歯牙にもかけてもらえない。一切の属性を失った私は、前途への見通しはまったくないまま、闇夜にサングラスをかけた心境で、路頭にさ迷い出たが、そんな放浪者に旧友が、出版界の落ち穂拾いのような仕事をすすめてくれた。

労多くして報いの少ない生業《なりわい》で、同業者の炯眼にさらされれば、一目で化けの皮がはがされてしまうことから、この分野に活躍する人は見当たらなかった。それ故に、頭を低くして岨道《そばみち》の匍匐《ほふく》前進を厭わなかったら、暮しはなんとか立ちそうな感触があった。

私は勇を鼓し、背水の陣の覚悟で落ち穂拾いに転身した。

地を這うようなたつきは、それから四十年余に及んでいるが、出版界の彷徨生活を辿るにはまず、夢の原点である信州は飯田で出版社を立ち上げた山村書院、そして、スタート点で海の物とも山の物とも分からないぽっと出の若造を拾いあげてくれたロマンス社創業者の熊谷寛と、東京タイムズ社の創業者岡村二一の身辺から語り起こさねばならない。

わが人生の交遊録——思い出の人　忘れ得ぬ人●目次

わが人生の交遊録

——思い出の人　忘れ得ぬ人

文中、敬称は略させていただきました。

夢の原点　山村書院

自社の出版物に囲まれる山村正夫。

十代で読書の楽しさに憑《つ》かれた時期は、能力を顧みることもなく、執筆する側を妄想する少年だった。

太平洋戦争の末期、たまたま町の古本屋で手に入れた書籍の版元が、地元であると知り、伝手《つて》を頼れば妄想も現実になるの思いになった。だが、版元の当主は一年前に永眠され、社は閉じられていたのである。

山深い信州の伊那谷で、昭和の初期、出版社を興したのは、どのような人物だったのか。

志の高いその足跡を辿ってみると次の通りだった。

出版王国の信州

出版史の近・現代を調べてみると、創業や経営を担った者に信州人が多い。

社名をあげてみると、良心的出版の最右翼を占める岩波書店、筑摩書房、みすず書房。児童書の理論社、あかね書房、あすなろ書房。教育関係の文理、暁教育図書、桐原書店。一般・法律・実用書の大和書房、青春出版社、ワールドフォトプレス、第一法規、ぎょうせい、三笠書房、名著出版、文化出版局など、一時は綺羅星のように輝いていた。

県下にも郷土出版社をはじめ三十前後の出版社が覇を競い、人口四十万人を超える大都市を持たない県では、群を抜いていた。

業態では、盛衰興亡のもっとも烈しいとされる出版業に、理屈っぽさと教育熱心で知られた信州人がきわだつのは、四囲を屹立《きつりつ》した山に閉ざされ、厳しい風土に鍛えられた精神的なハングリーさ、知的渇望の勁《つよ》さだったかも知れない。

この危険率の高い出版業を、昭和初期に徒手空拳《としゅくうけん》に近い身で、伊那谷は飯田町で始めた若者がいた。

山村書院の山村正夫である。

正夫は、世界恐慌が吹き荒れた昭和五（一九三〇）年、二十五歳の若さで飯田町伝馬町の専照寺入り口わきに、小書肆《しょし》を開き、二年後、小林郊人《こうじん》編『伊那俳人集』（四六版・三一〇頁・定価一円三〇銭）を処女出版したのを手はじめに、昭和十八（一九四三）年六月、腸チフスで急逝するまでの十二年間に、伊那地方の貴重な歴史関係の書籍、文献類を九十二点刊行したのである。

山村書院が当時、中央の学界からどのような評価を受けていたかは、早稲田大学名誉教授入交好脩の次の言葉で明らかである。

「謂ふまでもなく、信州伊那の地は、夙に優れた地方史家市村咸人先生（注・河竹繁俊実兄）を初めとして、小林郊人、村沢武夫、福島豊、伊藤傅等々の諸先生を輩出したところであり、その影響の下に、中央学界には、古島敏雄、関島久雄、竹内利美の諸教授を出し、（中略）……古島教授が、名著『近世日本農業の構造』―その中に信州伊那地方に遺る御館・披館制度の研究が含まれているのである―を以て、日本農業の研究史上に一つの時代を劃したことは、永く学問上に特筆大されなければならない事実たるを失はしないであろう。しかしながら、かかる地方史研究の隆盛をもたらした陰の功労者として、故山村正夫氏の名もまた逸することは許されないであろう」。

入交教授はつづけて、太平洋戦争の末期、出自の地の土佐より再疎開して飯田市近郊に移り、六年も留まったのは、「伊那地方の自然と人情の美しさに加えて、地方史研究の隆盛と地方資料の豊庫であることによる魅力であった。この意味に於ても、私は故山村氏の功績に深く感謝しなければならない」と述べていた。

飯田で出版社を興す

故郷の飯田市よりも中央学界で知られた山村正夫の出版活動は、十二年と短い期間であった。その出発は、大正九年、上飯田小学校を卒業後、飯田町の文星堂店員になったことからである。住み込みの店員だったが、正夫は小学校回りをして地方のインテリや、教師たちに顔を知られ、予約販売ですぐれた手腕を発揮していた。

この徒弟時代に、正夫は大出版人を夢みて夜逃げ同然に三度も出奔していた。そして、なんとか東京の出版社へ入るが、学歴のない悲しさ、荷造り発送ばかりの毎日で、その都度、迎えに来た律儀な父親に説得されて、飯田に連れもどされていた。

しかし飯田へ戻った正夫は、ただ本を売って利益をあげる商売に、飽き足らない気持ちを抱いて、文星堂の主人を説得し、飯田では初めての出版物、前沢渕月の『太宰春台』『山口ふじ』や、岩崎清美の『伊那の伝説』などを刊行させたのも、その心情を埋め合わせるためだった。

正夫は、昭和五年、二十五歳で独立した。まず少店舗を借りて、東京の円本版元からゾッキで流されてくる見切り本の大安売りをやったのである。一冊一円だった本を、三、四〇銭で売り、それでもなお儲けが出る商売だった。

開店早々、濡れ手に粟の儲けをしながら正夫は「一度しかない生涯を、ただ儲かるからといって、ゾッキの大安売りをしていてもいいものだろうか」と、深い自戒の念にかられる日々だった。その頃、本を通じて親しくなった友人に、「こんな商売は誰でもできる。自分はどうしても出版事業をやってみたい」と出版社経営の構想を打ちあけていた。

彼の計画では、同県人の大先達岩波茂雄を見習って、手堅い商法の上に郷土研究書をのせ、大量部数を出したいという企てで早速行動に移していた。

もともと飯田・下伊那地方は、郷土史研究のさかんなところだった。中央の学界に知られた研究者も多く、その第一人者に市村咸人がいた。その市村と正夫の結びつきは、今井白鳥の『近世郷土年表』に、市村が序文を書いたことからだった。

昭和七年の十一月のことで、正夫はこの年の四月、長男光司に恵まれ、長年の夢であった出版業が現実の運びとなって、二重のよろこびにひたっていた。

当時の活気にみちた活躍ぶりは、市村の記録によると次の通りだった。

「この『郷土年表』はおそらく同書院の処女出版であろう（注・四点目の出版）。山村君はその他岩崎雨村君の『佐竹蓬平』、小林郊人君の『伊那の俳人』その他の郷土物をひろく取次販売し、また私たちの関係していた伊那史料叢書の既刊分が絶版となっているのをなげいてその再販及び続刊を企画し、『郷土資料及単行本を刊行し、一手発兌を引き受けて峡谷文化のために幾分たりとも貢献する』ことを標榜して、これより郷土物の出版に向って一路邁進することになった。」

柳田国男の本を刊行

市村咸人の知遇を得たことで、山村書院の出版活動に拍車がかかり、郷土史出版の橋頭堡は昭和七年から十一年にかけての四年間に、ほぼ固められた。

この間の主だった著者と書名、版型、頁数と定価を拾ってみると次の通りになる。

小林郊人著『伊那農民騒動史』（四六版・三〇〇頁・定価一円五〇銭）
岩崎清美著『伊那の伝説』（四六版・三二六頁・定価一円八〇銭）
市村咸人著『江戸時代に於ける南信濃』（四六版・二六〇頁・定価一円五〇銭）
下伊那教育会『下伊那の特殊産業』（菊版・三三〇頁・定価二円五〇銭）
市村咸人著『伊那史概要』（四六版・四五〇頁・定価一円八〇銭）
柳田国男著『信州随筆』（四六版・三六〇頁・定価一円五〇銭）

民俗学の泰斗・柳田国男の『信州随筆』は、柳田の生前一〇〇点を超える著書の中で、東京の著名出版社以外で刊行された唯一の本だった。山郷風物誌、信濃柿、木曽民話集、眠流し考、新野の盆踊りなどを収めた信州に関するエッセイであった。碩学が、この本の刊行を山村書院に許したのは、正夫が東京成城の柳田邸喜談書屋に足繁く通った熱意と、飯田が柳田家と因縁浅からざる関係であったからだ。

柳田は『信州随筆』の序文で、そのあたりを忌憚なくふれている。

「飯田は国外にもまだ知られない、山間の一都邑《という》であるが、こゝでは日本に幾らもない民族叢書の出版が、数年前から計画せられ、又着々と実行せられている。」

国男が養子に迎えられた柳田家は、飯田の藩主だった堀侯に仕えた名家であった。

そこから「飯田が私の家と縁の淡い町であり、叢書が又別途の研究部門に属する場合でも、尚この地方文化の解放運動に対しては、身に応じた声援をせずには居られない」という言葉が導き出されるのである。

山村正夫の短い生涯に、民俗学の第一人者・柳田國男のこの奨励は最高の喜びだったただろう。

太く短い生涯

民俗学の泰斗の関心を惹いた叢書とは『伊那史料叢書』だった。江戸時代以前の史料を原本と同じに製版した和とじ黄表紙で、一円（昭和九年頃日雇労働者の賃金は一円三二銭、同十二年一円四三銭だった）もする少部数の稀覯本《きこうぼん》の高価シリーズだった。

印刷を一手に引き受け、終生のまじわりを通した研究社の原田島村は「『伊那史料叢書』はどれも儲からなかったし、初めの頃の出版は『これは当てた、儲かったというものは殆どない位だった』」と厳しい経営ぶりにふれた上で、労多く報われることの少ない出版に熱中する親友正夫の姿を、次にように述べていた。

「……次こそは、今度こそはと経営に追いかけられる事情もあったが、第一に出版が好きだった。出版の相談を持ちかけられると、ほとんど断わったことがなかった。それに度胸のいいということも大きな条件だった。出版はバクチのようなものだから、石橋を叩いて渡る者では手が出せない」。

また郷土史家の伊藤傳は、出版人山村正夫の生き方を称賛をこめて、次の通りに述懐している。

「文学好きの上に、大胆な君には商機を握る天才的器量に富み、一度思いをこらすや敢然として猛進し、徹底的に所信を果すまでは万難を辞せずという風で……」。

ほぼ同時期に書店を開いた平安堂の平野正祐《まさすけ》とは心を許す仲で、「君は本を売る日本一になれ、俺は作る日本一になる」と壮言する間柄であった。

正夫は、儲けはなくても気宇広大《きうこうだい》だった。妻・今恵の回想によると、「お金はなくとも気は大きく、夏は冷蔵庫を買い込み、ビールやコーヒーを冷やして人様にも進め、『俺は太く短く暮らす』と言ったことも時々ありました。子供をよく可愛がり、多忙の中でも遊びに連れて出掛けました」という。しかし、企画、印刷、販売が絶えまない日々で、資金繰りや売れ行きの悪い本をかかえて、ひとり苦闘していた。そんなとき、「俺にせめて教育があったらなア」とぽつり、学歴のなさを嘆くこともあった。

小柄で童顔の正夫は、販売促進に訪れた先で、よく「君は山村書院にいるのか」と聞かれた。すると、正夫は何食わぬ顔で、

「そうでありますに」と伊那弁で答えていた。

地方新聞に大きな広告を出し、年間一〇点近くの出版をつづける山村書院の主が、そんな若造とは考えられなかったことから生じた寸劇だったが、正夫は帰宅後、妻の今恵に、店員と間違えられたことを報告し、いかにも嬉しそうだった。

正夫の夢が永久についえ去ってしまうのは、昭和十八年六月、腸チフスで急逝してしまったからだ。

その最後の年、正夫は平野正祐と二人だけで木崎湖めぐりの小旅行に出かけ、さらに天竜下りを楽しんだ。

平野正祐は、正夫との水入らずの旅となった想い出を、次のように述べていた。

「その頃の山村君は、四、五点の出版を松本と長野と飯田で同時に仕掛けて、それがまた相当の大部数で、彼の出版活動はいよいよ本調子になったという時であった。

僕もまた、きっと商売にはずみのつきかけた時分であった様だ。気も合えば話も合う筈。旅行中の話は自ずと想像がつこう。柄にもなく将来を、人生を論じ、且つ語り全く愉快な

清遊であった。」

刎頸《ふんけい》の友との風流な遊びの直後、正夫は、六月八日夜、風邪気味で床についた。はじめは高熱のため満州風邪と思われたが、十四日、腸チフスと診断されて、折からの豪雨の中を、飯田病院の伝染科病棟へ入院した。医師は、正夫の腸出血を警戒した。当時、チフスの腸出血は死につながっていたからである。

……その懸念した腸出血は二十日夜からはじまった。

飯田病院の原農夫院長は、伊那谷の志高い出版人をなんとしても救いたい一心で、当時としては最高の医術をほどこしながら、高熱に浮かされる正夫の手を握って、

「君が死ねば飯田の皆が泣く。生きねば駄目だに。頑張らにゃ…」

と激励した。

妻今恵の寝食忘れた献身的な看病がつづく。

危惧していたオカワ一杯の腸出血が二十五日昼にあって、容態は急変した。

正夫の意識は混濁状態に陥る。急ぎ輸血とリンゲル液、強心剤などの注射が矢継ぎ早にうたれた。

二十九日の朝になった。正夫は少量のりんご水を飲んだ。

「うまい……」

高熱にうかされた顔で、正夫はうわごとのように呟いた。

美食家山村正夫のそれが最後の言葉となった。

享年三十六歳――。

書院では市村咸人の『伊那史綱』、向山雅重の『続村山記』、同『遠山奇談』の三点を仕掛中だった。家族には三十五歳の妻今恵、十一歳の長男光司、九歳の次男謙介が残された。

今恵はそれから平成二十年代の一〇〇歳に達するまで生き永らえ、光司は父の遺志を引継ぐように児童書で知られた理論社の社長を経て相談役まで努めた。

父の享年の二倍余を生きたが、経営の才、企画や人心の掌握力に照らして、「とても父正夫には及ばない」の苦渋の感慨を口にしていた。

その言葉に、出版人山村正夫の偉大さが炙《あぶ》り出されている。

恩人　熊谷寛と岡村二一

岡村二一（右）と著者。

右端岡村二一、中央が熊谷寛。

才能もないのに、もの書きに憧れを持った私の前に突如、クローズ・アップされたのが、地元出身の熊谷寛と岡村二一だった。

敗戦直後、「東京タイムズ」と娯楽読物雑誌「ロマンス」を創刊し〝先んずれば人を制す〟の金言そのままに、マスコミ界の一角を制覇したヒーローである。

この先達に頼れば、何らかの道が拓けるのでは……の思いに駆り立てられ、伝《つ》手《て》を頼って熊谷寛に望みを伝えたところ、居候に拾ってくれたのである。地獄で仏の人物の横顔は。

「夕樺」の創刊

地元の飯田市でも、岡村二一、熊谷寛の名前を知る人は少なくなった。……十年ひと昔の緩叙法《かんじょ》を援用すると、ふた昔、三昔にも相当する往時の人物だからだ。

しかし私にとってこの二人は、ジャーナリズムの世界に生きる手立てを与えてくれた恩人であり、折りにふれ二人の事跡は機会がある度に、拙稿に綴っている。

二人は竜丘《たつおか》出身で、小学校は岡村が熊谷より一級上であった。

どちらも文学少年で当時の人気雑誌だった「日本少年」や「少年倶楽部」に投稿し、自分の名が活字になると鬼の首でも取ったように有頂天になって、おたがい自慢しあったものと聞いている。

青年期に達すると、彼らの文学熱はさらに高まり、詩の個人誌や同人誌を企てているうちに、伊那谷の青年たちを一大文学熱に巻き込む短歌雑誌「夕樺」の創刊へとすすむのである。

「夕樺」創刊の経緯は、「信州日報」のオーナーだった山田邦夫(旧姓今村邦夫)の遺稿集『道』にくわしく述懐されている。

同誌は、大正後半に短歌の同人誌として創刊されたが、そこに拠った文学青年たちは、伊那谷の昭和時代をリードするすごい顔ぶれだった。片手おちを厭わず、その一部の名前を列記すると、羽生三七（元参議院議員）、岡村二一（東京タイムズ社創業者）、熊谷寛（ロマンス社創業者）、片山均（元県議）、福島国雄（元県議）、須山賢逸（元下伊那郡青年会会長）、北原理一（元下伊那青年会理事長）、中田美穂（竜丘・神主）、関谷桑之助（川路・現南信州新聞社社長関谷邦彦の実父）、中島巌（元代議士）、今村邦夫（信州日報元オーナー・旧姓）、清水清治（龍江・元信連副会長）、橋爪丘の人（竜丘・元教師）、矢高東（飯田・医師）、村沢武夫（飯田・郷土史家）、山上孝一（元信州日報編集長）、原田島村（元伊那主幹）、本多実太郎（山本・元下伊那郡青年会理事長）、金田平八（阿南・元富草村長）、鷲見京一（鼎《かなえ》・社会運動家）、宮下操（松川・郷土史家）、湯沢多賀吉（元高森町会議長）、牧野元（元鼎村長）等々である。

シンパシーを抱いた周辺まで加えると、昭和時代前半の伊那谷の社会・文化を担う有力メンバーのほとんどを包括していた感があった。

「夕樺」は、その誌名でも明らかなように、明治末期、武者小路実篤、志賀直哉、有島武郎ら学習院に学んだ上流階級の若者たちが創刊した文芸雑誌「白樺」にあやかって、大正十（一九二一）年に創刊されていた。

「夕樺」が呱々の声をあげる前後に、ここ伊那谷では今村邦夫は歌と詩の回覧雑誌である「物之生命」、関谷峡村（桑之助）は「東雲」、熊谷寛が「失名」などの個人誌をそれぞれ出していた。

「物之生命」は、今村のところに原稿を集め、彼と一緒に伊那銀行に勤めていた代田茂がその原稿を筆写し、カットも入れて創刊し、大正九年一〇月発行の第四号あたりで、ようやく形も整ってきたので、次の五号から「生命」と改題することにして、十五名の同人の顔ぶれを揃えていた。

主だった顔ぶれは、岡村笛人（本名・二二）中田美穂、関谷峡村、羽生三七、竹村浩、阿部静枝らだった。

改題した「生命」には、二十四歳の若さで不慮の死をとげた詩人、竹村浩が、

砂の塔子らとつくりき我の造りしは
　一番大きくよく花播きし

の短歌を発表していた。

「夕樺」は、「生命」への投稿が多くなり、それらの原稿を筆写する代田茂が音をあげ、印刷誌にしたらどうかと岡村や羽生、関谷たちに諮ったところ、異論がなく直ちにスタートすることになった。

今村邦夫は、新しく誌名を決めた経緯を、次の通りに書いている。

「しかし、第一号には南海氏（注・同人の阿部静枝の従弟で日本画家）が多忙のため版画が間に合わず、渓谷の前面に白樺が見える絵を送ってくれたのでこれを使った。その後、

第一〇号から白樺の木の下に裸の青年が瞑想にふけっている版画を送ってくれた。一番問題になったのは、雑誌の題名だった。評論、詩歌の文芸雑誌の標題らしいものを代田君がいろいろ出したが、結局岡村笛人君が提案した『夕樺』に決まった。当時は、武者小路実篤の《新しき村》の思想として、白樺派の台頭は目覚ましく、伊那谷の教育界をも風靡しており、その雑誌『白樺』に憧れるところもあったので〝『夕樺』にしては〟というのだったが、そんな熟語はないと、桑原群二君らが反対したものの、『夕日を浴びた白樺』をつめて『夕樺』という新語でよいのではないか――と言う岡村君の主張に押し切られて題名を決めたのだった。

こうして第一巻一号は大正十（一九二二）年一月一日に発行となった。

記念すべき創刊号の主な内容は、編集人岡村笛人の随想を巻頭で飾り、同人のほか北原理一、原苗村、宮下操、長谷部鑑、白井白雨、新井武夫、竹村浩ら五十名の短歌を掲載、『編集後記』を私が書き上げた。」

「夕樺」の創刊号の巻頭を飾った随筆が、岡村笛人こと岡村二一、「編集後記」を綴ったのが今村邦夫――のちの「信州日報」オーナー山田邦夫、二人の結びつきは、この後に連綿とつづいて、その交情は深まるばかりだった。

革新を志す青年たち

「夕樺」には、郡下から会員が続々入会した。当初、会員を募るために、岡村笛人（二一）が次のような一文をスラスラと書き上げた。

「――私たちは『夕樺』と称する短歌中心の芸術雑誌を発行しています。ただ今、同士の者が三〇〇人ほど集まって結束し、お互いの成長を図っています。私たち若々しき血潮の踊る杯は芸術よりほかありません。詩の世界に生きることのできる者は本当に幸福です。そのために私たちはすべての犠牲を払っても惜しくはない筈です。否、私たちは詩の世界を離れて生きることを見いだすことはできないでしょう。社会改造とか民衆教化とかいうことがよく、この頃喧伝されていますが、要するにそれは個人個人の改造、教化にまたなくてはならないことだと思います。総じてそれは実に根強く民衆を動かすことだと考えるのです。さらにそうした仕事の上にも最も大いなる力をもって現代の青年を動かしうるものは、芸術をおいてほかにないと信じるのです。（後略）」

芸術を至上とする揚言に過ぎたため、この一文は配布されることはなかった。

伊那谷の革新機運を盛りあげる自由青年連盟〈リベラル・ヤング・リーグ〉（頭文字を取りＬＹＬ）がこともあろうにこの「夕樺」を母体に結成されたのは、不思議な気がしないでもない。

革新のきざしは、大正十一年三月二十七日から一週間、「夕樺」の同人羽生三七、代田茂、矢沢基司ら鼎村の青年が、早稲田大学文化会主催の社会問題講習会に参加したことで明らかになった。彼らはこの講習で唯物史観やマルキシズムを鼓舞されて帰ってきたが、羽生は「夕樺」の文学団体を社会運動団体に変革することが急務と、同誌の中核を担っている今村邦夫に強い働きをかけたのである。

彼らは、早大講習会に出席してから、短歌会に参加しなくなったばかりか、以降はラジカルな社会運動の研究に、打ち込みはじめたのである。

今村邦夫は大正十一（一九二二）年八月上旬に、下伊那文化会への入会に踏みきった。「最初は、政治が汚職疑獄で汚されている時代の現状を憂い人道主義に共鳴した」程度のヒューマニズムに立脚した考えからだった。

下伊那文化会には、つづいて山田阿水、横田應治、林武雄、関口光男、水野長次、吉田種雄、牧野秀男、水野正勝、北原亀二、棚田正志、北原理一ら主として二十歳前後の青年が参加し、大衆運動への気運は高まっていた。

ＬＹＬの組織はこうして下伊那文化会を母体に誕生することになるが、趣意書は高等小学校を出て、松濤《しょうとう》義塾に学んだ十九歳の羽生三七がまとめ、大正十一年八月二十日付の「信濃時事」広告欄に、結成事情の記事と共に掲載された。

「今世界の過渡的混乱の反映を受けた我国の思想は、総てに病的徴候を呈している。この病状を最も明白に現してゐるのは、現代青年の頽廃的官能的思想である。或いは宗教的退嬰《たいえい》となって、全社会に瀰漫《びまん》してゐる。我々は既成青年会にこの傾向を観取することができる。この唯心的消極的傾向に反抗して、あくまでも実際的現実的に歴史の必然を信じて、積極的行動に出んとするものである。後者の立場に立脚して新文化の建設に努力すべく猛然として蹶起《けっき》した我々青年有志は茲《ここ》に自由青年連盟を組織せんとす。然して我々の標榜する所は政治上経済上の諸問題に対し、徹底せる批判と行動に出んとす。年令を問わず熱烈なる新社会の建設者は来れ。」

「趣意書」の末尾には発起人名が記されていた。彼らは入会をすすめる葉書を、郡下の青年会、村のリーダーらに発送し、発起人が手分けして個別に面会。熱心に勧誘した結果、たちまち二〇〇名超の参加者があった。

発表後一カ月足らずの大正十一年九月二十四日、自由青年連盟の創立大会が、平林初之輔、西雅雄、仲曽根源和を来賓に迎え、姫城ホテルで開かれた。

発起人は、池田愛泥（信濃時事新聞主筆）、山田阿水（同編集長）、林武雄（同工場長）、桑原郡治（会社員）、羽生三七（米穀商）、関谷桑之助（農業）、横田憲治（農業）、代田茂（銀行員）、今村邦夫（銀行員）の十名だった。

ＬＹＬ事件の波紋

「夕樺」の芸術至上主義に袂《たもと》を分ってＬＹＬを組織した発起人の顔ぶれをみると、メンバーは村では恵まれた中農・銀行員・新聞記者・商人といったプチブルで、貧農出身者はいなかった。

厳しい貧困を知らない青年が、ＬＹＬと郡青年団をリードするとあって、行動には甘さが目立った。彼らは十二月十一日普選即行・過激取締法反対の二〇〇〇人デモの先頭に立ち、機関紙「第一線」を発行したが、七号まで出したうち、三・四号をのぞいてすべて発行禁止となり、大正十三年三月十七日、羽生三七ら連盟幹部十九名は、一斉に検挙された。

しかし、官憲当局がＬＹＬをマークし、検挙解散の時期を虎視眈々《こしたんたん》と狙っていた動きは、事前に新聞にスッパ抜かれる醜態を見せた。ＬＹＬ側も、検挙は近いとの危機感から証拠物件を処分していたので、官憲は容疑を名誉毀損・賭博・新聞紙違反・強姦などのでっちあげの科《とが》で検挙せざるをえなかった。

羽生三七、山田阿水、代田茂、矢沢基司、今村邦夫の六名が、大正十四年四月大審院上告棄却で四ヶ月刑務所に入れられた。

服役前に羽生三七は「さらば同志よ」と題して、オポチュニストたちに痛烈な言葉を投げつけていた。

「プロレタリア運動が順風に帆を揚げるごとくに進む時期に、調子に乗って急に飛び込んでくる『景気屋』は、プロレタリア運動が迫害と窮困の底に沈んだ時期には何時でも逃げ出す資格が十分にある。天下の形勢が赤い時には赤くなり、白い時には白くなるものが、そうした人間の特質である。

無産階級運動に限らず、どの種の運動にしろ、表面でガヤガヤ騒ぐことの好きな人間はあるが、絶えず足を地につけて、変わらずコツコツ働く人はすくないものである。選挙の時や講演の時には恐ろしい馬力をかけて飛び歩く青年が日常の政治研究会なり、その他の会合に殆ど出席せず、たまに出席しても閉会の頃やって来るというような現象は雄弁にそれを証明している……。（後略）」

出獄した羽生や今村たちは、拘禁されたことにひるむことなく、また〝アカ〟の危険思想団体としての攻撃にめげることもなく、「青年訓練所設置反対」「青少年軍事教練反対」「帝国主義・戦争反対」などのリーダーとして、果敢な活動を行った。

今村邦夫――後に山田阿水の婿となり山田邦夫となる彼は、自由青年連盟時代の権力側との戦いを述べた結びを、次のように書いている。

「大正末期の世相は、『女工哀史』が改造社から発行されて大きな反響を呼び、一方、この当時は藤原義江の『出船の港』や童謡の『證誠寺の狸囃子』『雨降りお月さん』が流行していた。私たちの血の滲むような戦争反対運動なども軍人や官憲に踏みにじられ、昭和六（一九三一）年の満州事変から日中戦争、太平洋戦争へと発展、侵略的行為を拡大していったのである。（後略）」

伊那谷から始動した急進なＬＹＬは、長野県下の青年運動を動かし、昭和前期の社会運動・政治運動にも大きな影響を与えることになった。そしてＬＹＬ事件をきっかけに、悪名高い特別高等警察課が長野県にもおかれることになった。

岡村、熊谷の上京

ＬＹＬは芸術至上主義な短歌集「夕樺」から派生した誇るべき社会・政治運動だったといえるが、大正十、十一年代に花が開いたＬＹＬに、肝心な「夕樺」の名づけ親の岡村二一や熊谷寛の影は薄かった。

それは、岡村、熊谷が「夕樺」の創刊される前後に上京していたからである。岡村二一の回想録の『創業期の男たち』には、小学校時代に知り合った熊谷寛との交遊が次のように書かれている。

「熊谷は中学を出ると上京し、日大の芸術科に学んだ後、講談社に入り婦人倶楽部の記者になった。一方、私は小学校時代の教師の不用意なひと言から二一で死ぬとの暗示にとらわれて、中学にもゆかず、後に検定試験を受けて小学校教員になったが、文学や青年運動に身を入れすぎてクビになり、上京して東洋大学に学ぶ傍ら、新聞社の学芸部や出版社を訪れては原稿の売り込みをやり、僅かな稿料を稼いでいたのだが、このころ熊谷が婦人倶楽部の特別企画の取材や作家の談話筆記など注文をくれたので、大いに助かった。いままでいうトップ屋の走りみたいなものだったわけだ。」

つまり二人は、「夕樺」の同人たち——政治や社会思想に目ざめた彼らがLYLに拠って、革新運動に身を呈している頃、東京で新しく生きる道を模索し始めていたのである。

岡村は、飯田の大久保小学校教師時代に同僚の松村敏子に恋心を抱き、熱烈なラブレターを送ったところ、謹厳を絵に描いたような敏子の父正一に発見されてしまった。正一は杉浦重剛の門弟で将来を嘱目《しょくもく》されていたが、病を得て故郷に帰り飯田に松濤義塾を開き、蓬麻と号して国漢と英語を教え始めていた。

塾には岡村二一、羽生三七、山田阿水など飯田中学へ進学しなかった峡谷の俊英たちが学んでいたのである。岡村の娘宛への恋文に仰天した蓬麻先生は、二人の仲を引き裂くために、娘の上京を許し上野の音楽学校へ進学させた。

一年後、小学校を追われた岡村も上京したため、敏子と岡村は音楽学校の寄宿舎に近い上野は谷中の墓地で逢い引きを重ねることになった。そして七年の恋を実らせて結ばれるなりゆきとなる。

因みに岡村は、東洋大学へ入学したものの学長の排斥運動へ巻きこまれ、〝暴力学生〟

のレッテルを貼られて、市ヶ谷の未決刑務所に収容されたりの波瀾の道を歩みながら、大正十五年に処女詩集『幻想君臨』を、出版印刷業で歌人である内藤鋠策《しんさく》の好意で出版してもらった。

この印刷所に文選工をしていたのが、サトウハチローの弟子の菊田一夫だった。彼は当時の体験を自伝劇『がしんたれ』に戦後描いていて、林芙美子が、

「岡村さんの詩集はもう出たのに、私のはいつになるんですか」

と、文選工とかけ合う場面に再現している。

岡村二一の初詩集『幻想君臨』の「母と梟」の一章を紹介すると、

今は真夜中です
昼間の疲れにまた少し熱を出した私は
二時を聴いたがまだ眠られない
づきづき痛む枕に
田端の駅の汽笛が響いてくると
お母さん
私の心はわけもなくあなたの懐にかへるのです……

と、名を成して後の毒舌家の片鱗も見せないナイーブな心象風景を詠っていた。

東京タイムズ創刊

岡村と熊谷の友情は、子どもの頃からかわりなく続いていたが、二人の人生に画期的な変化をもたらす「東京タイムズ」の創刊は、敗戦直後にやって来た。

岡村は『創業期の男たち』に次のように書いている。

「その熊谷が、原宿の自宅で万年床に寝そべっている私の枕元に座り込んで、『新しい新聞を出さないか』と彼独特の早口でケシかけるのである。『駄目だよ』と、私はニベもなく答えたが、彼の速射砲はそんなことで引っ込むようなものじゃない。」

日刊新聞の創刊は、彼らが青年時代に創刊した文学雑誌「夕樺」のようなわけにはいかない。社屋、印刷工場が必要だし、工場には一台何百万円もする輪転機がいる。退職金を選挙の事前運動に過半を使ってしまった岡村には、もとより金の余裕はなかった。岡村は金もないことを理由に熊谷の使嗾《しそう》を断ったが、

「やればなんとかなるものです。初めは賃刷りを頼んでもいいじゃないスか」と、早口にまくし立てるのだった。

いい加減うんざりした岡村は冷ややかに言い放った。

「そんなにやりたきゃ、君一人でやり給え、僕ァいやだよ」

熊谷は、そうした押し問答の末に渋々帰っていったが、翌日またやってきて同じことを言う。岡村は万年床で寝返りを打って、背を向けたまま返事をしなくなった。

ところが、熊谷は三日目もまた、性懲りもなくやってきたのである。

「私はその執念に呆れ返って『君、講談社の方はどうしたんだ』ときいてみた。

『やめちゃったよ。新しい仕事と取り組むために』

『へえ、背水の陣だね。それじゃいったい何という題名でだすつもりなの』

『東京タイムズ』

それをきいた途端に、私は霊感にうたれたように起き上がった。

『よし、やろう。ロンドンタイムズ、ニューヨークタイムズ、東京タイムズ――世界三大タイムズだ。これはきっとモノになるぜ』

熊谷は喜んで、

『雑誌も出すんだ。この方は「ロマンス」』

こうして裸一貫の盟友二人は、協力して振興新聞と新雑誌を発行することになった。」

印刷所の手配から、記者を集め社屋をかまえ、創刊するまでには幾多の困難があった。

しかし敗戦後のどさくさ時代だったから、新興紙、新雑誌も容易に創刊でき、早々に軌道に乗ったものと考えられる。岡村二一が戦前、同盟通信の要職に就いていたとはいえ、短日時に新興新聞を創刊できた裏には、彼には世界に知られた一大特ダネをものにした実績があったのだ。

それは昭和十六年三月――太平洋戦争勃発の九ヶ月前に、第二次近衛内閣外相だった松岡洋右《ようすけ》が、同盟国ドイツ、イタリアに敬意を表するとの理由で欧州に向って出発した時、岡村は、外相に随行する十二名の中の一人に、新聞記者の代表として加わったことでつかんだ幸運だった。

このときシベリア鉄道の指定座席の関係で、随員は十二名に制限されていた。秘書官二名、外務省からの随行者、通訳者、電信者、陸海軍から各一名、首相近衛文麿の推薦する西園寺公一、そのほかお灸をすえる看護婦まで加えると、新聞記者に割り当てられる座席はかろうじて一席だけだった。

結局、新聞社の共同機関である同盟通信ということになり、僥倖《ぎょうこう》にも編集局次長の岡村二一に白羽の矢が立った。松岡としては大新聞社の気心知れた記者を随行させたかったらしく、初対面の岡村に対して、ひどく不機嫌な顔を見せたという。

松岡外相が、日米間に風雲急を告げるこの時期に独伊訪問を企てた本心は、モスクワに立ち寄り、ソ連との間に中立条約を結ぶ魂胆があった。岡村は松岡の深慮遠謀を知る由もなく、長いシベリア鉄道の旅で毎晩繰りひろげられる松岡の独演会に最後までつきあい、次第にうち解けた関係になっていた。

日ソ中立条約をすっぱ抜く

松岡外相と岡村との関係は、この後さらに深まった。往路、モスクワに一泊したが、松岡は独伊大使に会うより先に極秘で、米大使スタイン・ハートに会っていたのを、岡村は東京へ知らせなかったために、松本重治編集局長からきついお叱り電報を受けた。

松岡が米大使に会ったことは、ＡＰ記者によって世界中の新聞に報道されていて、随行記者岡村の面目は丸つぶれになったのだ。

岡村記者は意を決して「大臣、折角ここまでついてきましたが、こんなザマでは恥ずかしくて、これ以上お供はできません」と啖呵《たんか》を切ったのである。

松岡は慌てて「いや俺が悪かった。これからはどんな機密でも君だけには話すから、機嫌を直してくれ、そのかわり新聞に書くなといったら、それだけは守ってくれよな」と二人だけの密約が成立した。

独裁者ヒットラー、ムッソリーニに会見するなど、独伊挙げての大歓迎をうけた松岡外相の一行は、帰路に再びモスクワに立ち寄り、世界を驚愕させる本来の目的の日ソ中立条約の調印となった。

当時、独ソの空気は険悪の度を加えていた。もし開戦となれば、日本は独の同盟国として起《た》たざるをえない。対ソ中立条約はその前に結んでおかねばならぬ。ソ連としても事情は日本と同じで、焦眉《しょうび》の急だった。

日ソ中立条約は、松岡外相とスターリンの直接交渉を経て、四月十三日に世界を仰天させる締結へと進んだのだが、マキャベリストのスターリンは、日本の敗戦直前の八月八日にこの条約を破り、一方的に対日参戦で報いるという酷薄、苛酷ぶりを示した。

岡村は、松岡外相からの情報を得て、世紀の大スクープを東京の同盟通信に打電し、同社から世界へと衝撃の事実が報道された。

また、岡村二一の書かれざるもうひとつの特ダネも、帰途のシベリア鉄道中で松岡洋右から、耳に入れたものだった。

モスクワを発ってから一路広大なシベリアをひた走り、十二夜は過ぎ、いよいよ明日は満州里へ着くという晩だった、外相の独演会相槌係りが岡村一人になると、ほろ酔いに目を据えた松岡洋右は、岡村にメモ帳を出せと命じ、

「七月二十六日に二重丸を大きくつけろ」

と言ったのである。

「何故ですか？」

「これは君だけに話しておくが、その日に俺は重慶へ飛ぶ。君もその時連れていくから……」

とすごい言葉を洩らすのだった。

それは、蒋介石と平和交渉をし、話がついたら即座にアメリカへ蒋介石と同行し、ルーズヴェルトと三人で平和条約を結ぶという驚天動地《きょうてんどうち》の構想だった。独・伊・ソ連を味方につけた日本に、蒋介石もその気になるだろうとの松岡の誇大妄想的な構想に、岡村は一も二もなく随行を願った。

松岡は「約束したよ、ゲンマンしよう」と暖かくてやわらかい小指をからませた。

が、この驚倒的な約束は現実に至らなかった。

世紀の特ダネが実らなかった一大痛恨時の結びを、岡村は次のように書いている。

「……松岡の構想通りに運ばれたとしたら、いまどうなっていたであろうか。支那事変は片ずく、第二次世界大戦にはならない。満州国は承認される——話はうますぎるが、その後の日本とくらべてどうであったかは容易に云えない。軍隊は威張りまくる。満州の経営には金がかかる。毛沢東の中共はできたかどうかわからぬが、列国は日本を警戒して白い眼で見る——ということになっていないと誰が保証できよう。

私の特ダネは、残念だが書かれずにすんだ方がよかったといえるかもしれない。」

岡村激変の人生

岡村二一の世紀の特ダネは話だけで終り、日本は昭和十六年十二月八日、米英など連合国に戦争を布告し、四年後に無条件降伏となったことは冷厳な事実である。

岡村が熊谷にけしかけられて、東京タイムズの創刊を決意したのは先に記した通りであった。

そして、同紙には文選工時代に知り合ったよしみで菊田一夫、次に林芙美子が連載小説を、稿料は後払いの好条件で新興紙に書いてくれたのだった。

この間に式場隆三郎に何か書いてもらうべく、熊谷寛が交渉に出向くと、式場は当時としては大金の五万円の現金を、創業費の一部に加えてほしいと提供してきた。

新聞紙の一部が五〇銭時代の五万円である。大いに喜んだ岡村は、式場を取締役主幹という肩書で経営に参加してもらい、更に岡村が三年間の追放期間には、社長の任に当ってもらうめぐり合わせになった。

しかし、式場社長時代、東京タイムズは当時の金で一千万円超の借金をつくっていた。三年後バージが解けて社長に復帰した岡村は、同盟通信時代の部下小田善一を編集局長にして、紙面の刷新と部数の回復に日夜全力投球をした。おかげで部数、広告ともに上向いて、借金も返済できたのだった。

小田は後年義弟を販売部長に呼び、部数をごまかす獅子身中の虫になることを〝お山の大将〟の岡村は見抜けなかった。

やっと一息ついたとき、独り子の旭児《あさひこ》が就職している会社が倒産したので、ひとまず東京タイムズ運動部に入れた。私が熊谷寛の連れ子同然に、東タイ出版局へ入ったのもこの頃だった。

ところが、旭児には母親の血筋が伝える心の脆弱があり、そのデリカシーさに加えての馴れない仕事のせいで、神経衰弱にかかってしまった。父二一が精神科医の式場隆三郎に相談すると、

「私の病院で預かってみましょう。一時的なものだから、すぐ治りますよ」

と、気軽に引き受けてくれて、旭児を市川の式場病院へ入院させる運びとなった。

この入院が岡村二一の運命を暗転させることになった。

彼は痛切な思いを込め次のように述べている。

「昭和三十年六月十二日、私は妻の敏子とともに旭児を伴って原宿の自宅を出た。車が神宮外苑を通るとき、何の花だろうか、白い木の花が咲いていた。

『この花が散る前にきっと帰れるよ』

と私はいったが、旭児は何も答えなかった。

六月十八日の未明だった。私は地方新聞幹部の懇親旅行先の秋田県下で悲報を受けた。『市川の式場病院が全焼して十余名焼死、旭児外一名行方不明』というのである。（中略）旭児は無残な遺体となっていた。

私が東京タイムズを出さなかったら、式場隆三郎に会わなかったら、独り子が、あんな惨めな最後をとげることもなかったであろうと思うのは、凡夫の浅はかというものであろうか。

のちに昭和四十年十月一日、私が自動車事故にあって、順天堂病院に入院、人事不省に陥っているとき、廊下を隔てた向こう隣の病室で、式場は胃潰瘍で死亡した。不思議な回り合わせとでもいおうか。」

独り子の旭児を火事で喪った岡村二一は、三年後、妻敏子も喪った。若くして学んだ飯田の松濤義塾松村蓬麻の娘で、親の反対を押し切って七年越の恋を実らせた愛妻だった。敏子は愛児の不慮の死で、宿痾《しゆくあ》の心臓をいっそう悪くし、毎晩眠られぬままに子の追憶を書き、愛惜の情を短歌に託しつづけた末の死だった。

昭和三十三年二月二十日、享年五十五歳――。

敏子の遺した歌集『思い草』は半ば以上が愛児への挽歌だが、彼女の生前、岡村家を訪ねた私に「旭児のことだったら、どんなことでも話してほしい」と、一挙手一投足までも貪欲に知りたい様子だった。

彼の疎開時代に知り合った私と、東京タイムズ社時代に神経を病んでいた彼とは、満足の会話もないままで、もっぱら旭児に関わる話題は彼の従弟で竹馬の友だった岡村進に聞いた件が多かった。

しかし、母親の敏子は膝を進めて、私の話を熱心に聞き入っていた。心を病み不慮の死を遂げたわが子への慰謝鎮魂だったのだろうか。敏子は帰りしなに高価なウィスキーを一本持たせてくれた。

薔薇匂う園にかこまれあかつきの
　炎の中に散りし命よ

燃えさかる炎の中に旭児が
　まぶたに見しは誰が面影ぞ

薔薇咲けば薔薇散ればわが胸痛く
　炎のなかの吾子を見るかな

敏子夫人の愛児を詠んだ『思い草』の三首である。

出版界を席巻したロマンス社

東京タイムズの創刊で、式場隆三郎を岡村二一に結びつけたのは、小学校からの刎頸《ふんけい》の友熊谷寛であった。熊谷は岡村のパージ時代、躍進をつづけるロマンス社の発行誌「婦人世界」の身上相談欄に、花垣敏一のペンネームで岡村を回答者にとりたてていたほか、陰でこっそり物質的な援助をおしまなかった。

岡村のペンネームは、彼の生家の屋号「花垣外」と夫人の敏子を結びつけて熊谷寛が命名したもので、編集者になったばかりの私に、内情を話してくれていた。そして私を岡村二一の担当にさせた。郷里を同じくする私と、マスコミ界の大先達と昵懇の間柄になることを考えての配慮であった。

熊谷は、岡村二一に東京タイムズを創刊させたとき、発行人に推されていた。雑誌の編集者だった彼は、この後、講談社時代からの夢だった娯楽読物雑誌「ロマンス」の創刊構想を温めていた。彼はその夢を、東京タイムズが軌道に乗った三ヶ月後の昭和二十一（一九四六）年五月に実現する。

日刊新聞を創刊して、百日足らずの雑誌の発行は、二兎のそしりをまぬがれないところであった。が、彼は「ロマンス」の創刊には充分の成算とプランを持っていた。

九十四歳までの長寿だったとき子夫人は、そのあたりについて、

「主人は講談社時代から『ロマンス』という誌名の娯楽読物雑誌を出したい夢を持っていました。社内で新雑誌を募集した折に、提案したこともありました」

と戦時中の横文字が排斥された時代から、この誌名を心の中に温めていたことを証言している。

「ロマンス」は創刊されるや、新鮮で甘い誌名と、伊藤龍雄のエキゾチックなパステルで描かれた美人の表紙、そして活字に飢えていた大衆の渇望を癒す読物と相俟って、すさまじい〝ロマンス旋風〟をまきおこした。

〝先んずれば人を制す〟のタトエを地で行って、「ロマンス」は発行ごとに伸びつづけた。熊谷は、雑誌が軌道に乗ると古巣の講談社から、先輩・同僚・後輩を続々と迎え入れ、「婦人世界」「少年世界」「映画スタァ」「セレナーデ」と、新雑誌を次々に創刊していった。もっとも「婦人世界」は戦前、実業之日本社で発行していたマス・マガジンで、「少年世界」は博文館で出していた。前者は寛の母が愛読していて、後者も寛が少年時代に愛読していた雑誌を、自社で甦らせたものだった。

ロマンス社のこの躍進ぶりに着目したGHQは、アメリカのマックファーデン出版社と提携することを画策し、同社発行の「トルー・ストーリィ」と「フォトプレイ」日本版を出すよう斡旋した。

この交渉に、急遽ロマンス社に招かれ、外国部長の肩書で、マックファーデンとの折衝

と通訳に当たったのが、アメリカ生まれの二重国籍者福田太郎だった。

福田は、東京裁判でA級戦犯に問われた右翼の梟雄《きょうゆう》児玉誉士夫《よしお》の通訳として活躍していた。訛りの強い日本語をしゃべる典型的な二世で、私も社長室に顔を出す彼に何度も会っているが、服装から身のこなし方もアメリカで生まれ育ったことを実証していた。

「ロマンス」は当初、日比谷会館の地下一階にあった東京タイムズ社出版局から発行されていたが、昇龍の勢いで躍進を始めると、岡村は熊谷に独立することを奨めた。そして本社を銀座西八丁目の徳富蘇峰《とくとみそほう》が国民新聞を発行した民友社跡へ移転させた。

銀座に社屋を置くには、岡村二一の親友勝田重太郎が斡旋の労をとった。民友社跡は日本一の場所だったから、ベラ棒な高値で購入希望者がひきもきらなかった。ところが、明治・大正・昭和の戦前を通して、言論の雄だった徳富蘇峰は「由緒ある建物が、水商売の業者に渡るのは忍び難い。あくまで言論出版社関係に引き継いで欲しい」と、旧知の勝田に仲介を頼んだのである。

勝田は、東京タイムズ社を成功させた岡村二一に、話を持っていくと、「よし買おう！」の二つ返事。当時、彼はパージの身で東京タイムズ社を移すわけにはいかない。「熊谷君のロマンスがよいだろう」と、銀座に進出させることにしたのである。昭和二十四年だった。

同社は、二十二年頃から出版界を席巻し、「ロマンス」が八〇万部、「婦人世界」七〇万部台、「少年世界」「トルー・ストーリィ」各一五万部、「フォトプレイ」五万部と、絶頂期には五大雑誌を発行して、飛ぶ鳥を落とす勢いにあった。社員も二〇〇名を数えるまでになっていた。

大入袋が毎月のように出た。あまり度重なる大入袋に、ある社員が熊谷社長に、

「社長！　大入袋というゴム印をお作りになったら……」

とお世辞をいうと、熊谷は、

「いや、輪転機で刷りましょう」

と、冗談をいったほどだった。

ロマンス社のあまりに急激な社運の上昇と、業務のひろがりは、社の体質に脆弱な部分を抱え込むことになった。縁故関係や知己の紹介で陸続と入社してくる社員の中に、戦時下満州の特務機関にいたと噂される、正体のさだかでない者が紛れ込んで、お手のものの謀略の手口で短時日に要職に就き、副社長の桜庭政雄と組んで、社の業務を壟断《ろうだん》したのである。その後に、社を二分する内紛が勃発した。

六十年を貫く友情

岡村二一が、まる三年後の昭和二十五（一九五〇）年十月十一日に追放解除になって戻ってみると、式場隆三郎に預けた東京タイムズ社は一千万円の債務を負った赤字会社に転落

していた。ロマンス社も「ロマンス」「婦人世界」の発行部数は激減し、赤字に陥って経営は危機に直面していた。

岡村は当時の回想として次の通りに書いている。

「私は肝を据え『ロマンス』を切って捨てることにした。そして本家の『東京タイムズ』一本にしぼって、立て直しに集中する方針に決めた。（中略）

『ロマンス』を店じまいした熊谷寛は、尚も出版への未練が捨てられず、独力で婦人雑誌を出したりしたがモノにならず、かといって、いまさら新聞記者にも使えないので、私は取り敢えず東京タイムズ社の監査役になって貰うと同時に、運勢判断を始めてみないかと勧めてみた。

『東京タイムズ』という題号を用意して、失職中だった私に、新興新聞の発行という奇抜なことを勧め、自らも『ロマンス』を計画して一度は成功した熊谷である。

この男には何か常人に考え及ばないヒラメキがあると私は考えたからである。

この思いつきは大当たりだった。彼は直ちに丸善に注文して、アメリカで流行している誕生日による運勢判断の本を取り寄せて研究した後、まず『今日の運勢』と題する記事の掲載を『東京タイムズ』紙上で始めた。終戦で古い殻を破ろうとする気運にあるとき、日本古来のコヨミによる古い易を脱却して、新しいハッケ（八卦）を始めたわけだ。」

熊谷寛は、新しい仕事を立ち上げるに当たって「宇佐見斎」のペンネームを考えたが、これは自らの名の寛という文字を分解すると「ウサミ」となることから宇佐見とし、その下へ「斎」をつけて「宇佐見斎《うさけんさい》」と呼んでもらうことを期待したわけである。

まず、「東京タイムズ」に連載したところ、読者から非常な歓迎を受けた。地方新聞、女性週刊誌からも掲載申し込みがつづき、毎週一回個人相談日を設けたところが、当日には門前市をなす盛況となった。

岡村二一は親友の復活をわがことのように喜び、宇佐見斎に援助を惜しまなかった。

一方岡村は、東京タイムズ社の社長のほか、日本新聞協会副会長、共同通信副会長、日本教育テレビ副社長、新聞通信調査会理事長と数々の要職を歴任するが、晩年は妻子に先立たれて新聞経営に意欲を失っていた。

それに加えて昭和四十年十一月三日、文化の日、後楽園でセの巨人対パの南海、日本シリーズ第一戦を観るため、正午近く自家用車で渋谷区松濤の自宅を出て、僅か五〇〇メートル先の十字路まで走ったところでトラックに側面衝突されて、脳内出血と足骨折の瀕死の重傷を負ったのである。

二週間の仮死状態から脳外科の名医田中憲三の緊急手術で、奇跡的に蘇生したものの、往年の活力は蘇らなかった。

悄然《しょうぜん》の陰が深まった岡村は、昭和四十八（一九七三）年、徳間書店社長徳間康快に経営権を譲り会長になった。一年後にはその職も下り全株を徳間に移譲して、東京タイムズ社から離れた。

徳間康快のワンマン体制となった「東京タイムズ」は、高級紙を夢みて版型を変えたり、紙面の刷新を企てたりしたが、彼の体制下の十九年間、一度も黒字化することがなく、厖《ぼう》大《だい》な累積赤字を残して平成三（一九九一）年七月で休刊となった。

心の中を吹く風

元信州日報のオーナーだった山田邦夫遺稿集『道』を、折々にひもどいている。彼は伊那谷のルネッサンスを主導した一人で、この書には大正末期、血気にかられた飯田近郊の青年たちの、政治と文学に目覚めた青春時代が点綴されている。

その中の一章を「親友　岡村二一のこと」に割いて、「岡村二一君とは六十年来の親友であった」の書き出しで、六十年前の出会いから、昭和五十三年七月の死去までの交遊を満腔の思いを込めて綴っている。

岡村について回想した文章では、出色の名文であろう。

昭和五十三年七月に死去し、郷里の飯田でも知る人の少なくなった人物を、短いながら情理を尽くして綴ってくれた親友をもって、岡村二一は泉下で喜んでいることだろう。

晩年の岡村二一と因縁浅からざる私が、改めてこのようなことを書くのは、さしたる学歴もなく〝行くところ可ならざるはなし〟と驚嘆されるほどの活躍をした岡村の死後が、あまりにも侘しいからである。

岡村は、一子の旭児を昭和三十年六月十八日、不慮の事故で失い、その三年後に愛妻敏子に先立たれて、寂寥《せきりょう》の身となった。それに加え四十年十一月三日、渋谷は松涛町の自宅から好きなプロ野球を見に出た直後、十字路で乗った乗用車の横っ腹へトラックに激突され、瀕死の重傷を負って二週間の臨死体験を余儀なくされた。

私は、お茶の水の順天堂病院へ入院していた岡村を、見舞いに行った一人だったが、彼は大怪我したこの日を〝命日〟と決め、

土が草を吸い
草を牛が喰い
牛を人が喰い
人は土に還る

ではじまる「二七九篇」の長篇詩集『人間経』を書いて、「私はこのお経で満足して往生する。私は、しょせん人間に生まれて人間に終わる身なのだから。（中略）この四行詩は一つずつ独立しておるが、全巻を通じてみれば一つの詩篇でもある。私が死んだら、この中からお気に召したのを拾い読みしながら、通夜の酒の肴にしていただければ満足である」と述べていた。

その一方で、松涛町の二百坪自邸の地所の一角に、末弟の岡村寛一夫妻と、その隣り合わせた場所に、桐林の生家を継いだ弟賢作の次男、岡村進の一家を住まわせ、一時は進を養子にする考えもあった。

進は、私と小学校以来の竹馬の友で、気のおけないその関係から伯父の人となりを、赤裸々に聞いていた。

臨死体験を経てから、彼の人生観に大きな変化があったことは事実で、「あの事故で、一度は死んだ私であるが、この次もう一度、その時は本当の死を死なねばならぬのであろうか、それは、いつ、どこで、どういう状態の下においてであろうか」と、好んで「死についで」を語るようになっていた。

その種のエッセイに、次のような件《くだり》があった。

どんな立派な碑を建てようが、小さい石ころを置いておこうが、故人にとってはどうだっていいのである。墓地を散歩していて、余り立派な碑に出合うと、虚栄のかたまりを見せつけられているような不快感にすらおそわれる。

青山墓地の私の妻子のささやかな墓の近くに乃木家の墓所がある。大将は乃木神社に祀られているから墓標はないが、入り口の右手に小さな墓石が二つ並んでひそやかに建っている。

この小さな二つの墓石が、日露戦争に出征し、二〇三高地の激戦で戦死した乃木大将の二児、勝典、保典の墓であった。

岡村二一はこの小さな石の二児の墓に父将軍の胸中を思い、自らの死後に残されるささやかな一家の墓の思いを重ねていたのだった。

ふる里は心の家

岡村二一は、青山墓地の一角、乃木家の墓所近くに眠る一子旭児、妻敏子の分骨を、生家信州の墓地に埋葬させていた。生家の墓地には、そのために生前旭児の墓と、二一・敏子夫妻の墓を建てていた。しかし、乃木家の小さな二つの墓石に深い共感を寄せた岡村であったが、郷里に自らが建てた墓には、仰々しい戒名が刻まれていた。

一方、岡村の甥で、一度は養子に擬《ぎ》せられた進が、伯父の死去後、数年して青山墓地へ墓参りに行くと、墓はきれいさっぱりと片付けられていて、高野山へ移した旨、立て札が立てられていたという。

本妻の敏子の死後、長年の二号生活を経て後添いに入った女の仕打ちであった。

岡村二一が一代で築いた莫大な遺産は、後添いとなった女性に引き継がれていた。死の二年前に、弟寛一と甥の進一家を、松涛の自邸の地所から僅かな金額を与えて立ち退かせ、広大なマンションを建てた折に、岡村の一存で決めた処置だった。

後添いは新橋芸者で、二十歳から岡村に囲われていた。容貌も芸事も目立たない、傍目には魅力の薄い女性で、賢夫人の先妻に遠く及ぶところではなかった。だが、岡村は、弟や甥と酒を飲んでいる折に、「女は馬鹿な程可愛いもんだ」と言って憚らなかったという。まるでその言葉を裏付けるように、東京の超一等地、渋谷松涛町の二百坪の土地、その上に建つマンションをはじめ、全ての遺産を後添いの名義に書きかえさせていたのである。

松涛町の地価がどのくらいだったかを調べてみると、岡村の死の十年後のバブル景気の昭和末期の公示価格では、一平方メートル当たり六百八十五万円＝坪当たり二千二百六十万五千円となっていた。

公示価格は実際の取引よりかなり低いので、仮に七掛けとみても坪三千二百三十万円。六掛けだと三千百七十万円であった。後添いは、二百坪の土地だけでも六十数億円相当の譲渡を承けたわけである。この途方もない莫大な遺産を受け取って、後添いが夫の弟妹——信州の賢作、東京の寛一、船橋のとき恵に弁護士を介して遺産相続の放棄を要請して提示した額は、たったの百万円に過ぎなかった。

土地代金の二千分の一！　雀の涙にも充たない額である。後添えはそればかりか、夫の血縁者との交際を頑なにこばみ、松涛町のマンションを訪ねた義妹には、インターホン越しのやりとりで門前払いを食わせていたし、姪は玄関にも入れず、近くのレストランへ連れて行って、コーヒー一杯で追い返していた。

マンション内部に、岡村二一の縁者には知られたくないやましさがない限り、このように情に欠けた対応はできないはずであった……。この後添いは青山の墓地を整理した後、夫の郷里に残る墓守役の甥に、法事の際一万円程度の現金を送ってきていたが、その宛名は「長野県長野市桐林」というものであった。本妻亡きあと、岡村と二十年以上生活を共にしながら、夫の生家の飯田市桐林という住所すら満足に書けない女だったのだ。生前、「女は馬鹿なほど可愛い」と言っていた岡村の言葉を、見事に裏付ける行為であった。

死者に鞭打つようなことをあえて私が述べるのは、岡村二一の甥の進、寛一の長男徹と、年に何回か新宿の仕事場で旧交を温めていた頃、盛名を馳せた彼らの伯父の話になり、後添いの無惨な仕打ちを知るに及んだからである。私が出版ジャーナリストとして今日あるのは、郷里の先輩、岡村、熊谷寛に負うところが少なくない。それだけに後添いの理不尽に近い仕打ちに強い憤りを感じたのである。

前述したが、岡村二一の生涯は、一時期は実に華々しいものだった。詩人としてスタートするが、新聞記者に転じ、同盟通信時代の昭和十六年、近衛文麿内閣の松岡洋右外相の訪欧に随行する十二名の一人に記者代表として選ばれ、四月十三日、モスクワで独裁者スターリン・松岡外相との間で取り交わされた「日ソ中立条約」を、松岡のわずかなヒントからつかみ、国際的な大スクープにしていた。

戦後は、駄科出身の竹馬の友、熊谷寛のすすめで東京タイムズ社を創立し、同紙を軌道に乗せて社長、会長を務める傍ら、日本教育テレビ副社長、共同通信副会長、新聞通信調査会理事長など数々の要職を歴任していた。

臨死体験を経て、奇跡の蘇りをした後は、長年、ジャーナリストの陰に息をひそめていた詩魂をよびもどし、半世紀前にはなれた故郷の伊那谷の山河や、幼な友だちの思い出などを詠った素直な詩を、好んで書くようになっていた。

淋しいとき
ふる里を思う
うれしいとき
ふる里を思う

ふる里は心の家
ふる里は
心のよりどころ

いまは
父も母も土に眠れど
われもまた

その傍らに憩わむ

と詠う心境にもなった一時期があった。

しかし、岡村は、父母の眠るふる里、自らを生ましめた伊那谷の地や小学校に、膨大な遺産の一部、文学青年時代の貴重な資料・蔵書の一部を寄贈する配慮には、全く欠けていた。四十代半ばで職を離れて、出版界の落ち穂拾いになった私には、岡村の遺稿や片言隻句は、ノドから手が出るほど欲しいものだった。これらのものは、後添いには、無用の長物以外なにものでもなかっただろう。

甥の進と徹は、伯父のジャーナリストとしての功績は認めながらも、「東京タイムズ社を手放したとき自分のご安泰とひきかえに、何百人もの社員を路頭に迷わせた非情さ、身内や郷里に対するあの薄情さは、指弾されても仕方がない」と、こもごもに語るように、ジャーナリズムの英才は、経営者として失格の烙印《らくいん》を押される行為をあえて行っていたのである。無慙《むざん》だった。

——しかし、岡村二一は、自ら亡きあと、その盛名も遺産も、時の風化には抗えないことを予測したかのような、シビアな詩「お前ではない」に、次のように詠っていた。

石に祈る人間の愚かさ
石に縋る人間の弱さ

石に泣く人間の哀れを
時が風化する墓碑
　亡滅よ
それはお前ではない

その死と遺した言葉

「東京タイムズ」を発想した熊谷寛は、昭和五十（一九七五）年五月四日、同紙をわが児のように育てた岡村二一も三年後の五十三（一九七八）年七月に死去していて、後半生を賭けた「東京タイムズ」の臨終は知る由もなかった。たとえ生き永らえていても、わが膝下を離れて二十年近くにもなる東京タイムズ社には、未練は薄かったろう。

熊谷は、岡村よりも三年二ヶ月前に冥府へ旅立っているが、岡村は親友の最後を次のように哀訴している。

……最後に「東京タイムズ」の名付親である熊谷寛の死について記しておかねばならな

い。

この原稿を書いている最中に、熊谷が大塚の病院に入院したときいたので、見舞いにゆくと、丁度出来てきた彼の新著『誕生日の占い』という本をくれたので、サインを頼むと、ベッドに横たわり左手はリンゲル注射の針におさえられたままの窮屈な右手にペンを持ち、私の名を書いてその傍らに、

『今日この時人生最上』

と書いてくれたが、その翌朝彼は死んでしまった。

心の中を吹き抜けてゆく青嵐のなかに、私はいまうずくまっている。

竜丘小学校時代に知り合い、文学を通じて深い交わりを持ってから、岡村と熊谷は七十年も厚い友情を持続してきたのである。その間、四十代半ばを越えた戦後には、日刊新聞と月刊誌を創刊して、協力し合い一時代を築いたものだった。

杜甫の詩に「人生七十古来稀」と詠われた七十年も友情を保持させてきた二人は、果報な人生だったといえる。

ただ、私が見るところ、晩年に大きな隔たりが生じた。熊谷が一男五女にめぐまれ、全員大学へ学ばせ賢夫人にかしずかれた安泰の日々であったのにくらべ、岡村は一子旭児を不慮の事故で失い、その三年後に敏子夫人にも先立たれて孤影悄然たる日々となった。

芸者上がりを後添えにしたものの、瀕死の交通事故後は弟の賢作、寛一、その子の甥た

ちも遠ざけ、郷里にさえ距離をおいて、好んで死を語り、ニヒルな死生観を投影した息をのむ凄絶《せいぜつ》な『人間経』を書きつづけた。

今宵名月を浮かべるこの盃に
あすは通夜の涙をそそぎ
きょう人と喫るこの枕辺に
あすは逆さ屏風が立てられる

株を買い土地を買い女を買い
会社を買い骨董を買い
買うものがなくなったら
自分の棺桶を買うがよい

なにが不公平なことがあるものか
みんな死ぬのだ　灰になるのだ
金持ちも大臣も詐欺師もドブ浚《さら》いも
焼場までの道中にほんの少々の差があるだけさ

あれこれ気を遣うのはむだ
旅支度はいらない
一本の杖さえあれば
はい　さようなら

といったニヒリスティックな、人生の負の底を見さだめた匂いの強い詩篇の累積だった。私も一部贈られ、書評を乞われたが、その死生観に圧倒されて、任に耐えず丁重に辞退していたことを記憶にとどめている。

熊谷の絶筆の「今日この時人生最上」と比べたとき、一本の杖を持って「はい　さようなら」と書く岡村二一との、その懸隔《けんかく》の大きさに呆然とするばかりである。

熊谷寛（左）と著者。

ロマンス社本社（旧民友社跡）。

「ロマンス」の表紙。

出版への門出　ロマンス社

「先んずれば人を制す」という格言があるが、敗戦後先んじて〝歌と映画の娯楽読物雑誌〟の創刊に踏みきったのが、熊谷寛である。

　戦前、九大雑誌を発行し〝雑誌王国〟と謳われた講談社で、「婦人倶楽部」の編集一筋、二十年の研鑽《けんさん》を積んだベテランである。

　その熊谷は、国民が渇望していた歌と映画の娯楽読物に着眼し「ロマンス」を創刊、出版界を席巻した。

　活字に魅入られていた私は、郷党の星・熊谷家の門を叩き、居候に拾われ出版界への一歩を踏み出した。

「ロマンス」とカストリ雑誌

歳月は、人の記憶をすさまじい勢いで風化させ、忘却の彼方に押し流さずにはおかない。茫々七十年の歳月は、戦後、昭和二十年代前期、私が勤めの一歩を踏み出した出版界の覇者ロマンス社を、完全に忘却の底に沈め、風化させてしまった。いま、その社から発行されていたカラフルな娯楽雑誌「ロマンス」の誌名を知るものはいない。たとえ「ロマンス」の誌名は知っていても、横文字のカタカナの誌名から受ける感じで、カストリ雑誌の範疇《はんちゅう》に加えているむきもある。

四十年前、出版ニュース社から上梓された山本明の労作「カストリ雑誌研究」にも「ロマンス」は〝広義のカストリ雑誌〟の扱いを受けていた。

その著書の『戦後文学におけるカストリ雑誌』の項目には「ロマンス」に触れて次のように書いている。

「今、手元に『ロマンス』１９４８年11月号がある。『ロマンス』は『りべらる』によく似た編集で、一時は発行部数50万部をほこったが、『平凡』にやぶれて廃刊した。この『ロマンス』の執筆陣は、『豪華詩絵巻・椿姫』は詩を橋爪健、画を岩田専太郎が担当しているし、小説は吉屋信子、竹田敏彦、菊池寛、吉川英治、立野信之、南川潤、美川きよ、山岡荘八、森三千代、邦枝完二と、超デラックスである。しかし、このメンバーを見てみると、橋爪健、菊池寛、吉川英治、山岡荘八と、当時の文学者の戦争責任者がふくまれている。当時こうした人たちは公職追放に指定されたり、大出版社は執筆させなかったりした。こういう種類の人達を、カストリ雑誌や娯楽雑誌が利用したのである。新興の雑誌に戦前・戦中の権威が生きているという奇妙なパラドックスがここにある。」

一読にして誤謬と偏向に充ちた説といえる。「ロマンス」最盛期の発行部数は、八十万部あったし、「平凡」に敗れて廃刊したわけではない。廃刊は、もっと奥深い会社の体質にあった。野坂昭如が、〈カストリ雑誌といえばすぐ『りべらる』や『ロマンス』など挙げられるけれど、これは誤りであって、みるから安っぽい表紙と、本文も仙花紙に汚い活字で印刷されたテのものをさす〉と言ったのは、正鵠を射た説といえる。

いまや、誤解と風化にかすんだ「ロマンス」であるが、その雑誌が昭和三十年代の〝百万部雑誌〟「平凡」「明星」の先達格であり、戦後の一時期、講談社に代わって、大衆娯楽雑誌の軌道を敷き、牽引車の役割を果たした雑誌である、といえば、その片鱗は推察することができよう。

この時期、出版界戦前の覇者講談社は、一部の小児的左翼出版人、文化人によって戦犯的な扱いを受け、粛清の淵に立たされていた。

「……特に、娯楽的要素の非常に強かった講談社の雑誌は、その講談社自体が、厳しい批判にさらされた時代であったから、そういう大衆性をもつ通俗的なものは全面的に否定され、編集者自体もまた、考え直さなければならぬ行きづまりに当面した。従来の、おもしろくて、ためになる雑誌、というところから、方向転換して、時代の情勢に順応する態度を取らなければならなくなってきたのである。」

『講談社の歩んだ五十年・昭和編』には、この苦境をこのように記している。

つづけて、「当時、原田常治は、『ロマンス』を創めようとしていた。それは社内でも好意的にみられていた」と、「ロマンス」創刊に触れている。原田常治の名前が「ロマンス」創刊に関わって、講談社史に出てくるのは、むろん誤りとはいえない。しかし「ロマンス」の創刊者は、講談社での原田常治の先輩・熊谷寛、その人だった。

「ロマンス」は敗戦の荒廃した世相と、瓦礫の中から彗星のように登場した娯楽読物雑誌だった。その登場の鮮烈な印象は、風圧をともなった衝撃に近いものだった。敗戦の日から十ヵ月にも充たない短日時の出現であったこと。「ロマンス」という新鮮で甘く、打ちひしがれた若者の憧れをよぶ誌名であったこと。更には、毛利銀二こと伊藤龍雄のエキゾチックな美女を描いたパステルの表紙画、活字に飢えていた大衆の渇望を癒す内容などと相俟って、すさまじい〝ロマンス旋風〟をまきおこしたのである。

版型は、B5判であった。表紙からいきなり活版の扉と目次に入る。ザラ紙六十四頁の薄い、今の人が見れば、見栄えのしない粗末なつくりだった。

しかし、その日の生活に追われ、敗戦の虚脱状態から抜け切れない大衆に、その「ロマンス」は、仰ぎ見る青空であり、汲めども尽きない娯楽のオアシスに見えた。

「ロマンス」創刊号の定価は、「金四圓五拾銭」。当時のサラリーマンの標準家庭で一ヵ月の収入が平均八百二十円、そのうち七百円は食費というエンゲル係数が実に八十五パーセントの時代に、Ｂ５判、六十四頁、四円五十銭の雑誌は、決して安い価格ではなかった。

それに、その三ヵ月前には、すさまじいインフレの阻止策として「新円」に切り換えられていた。新しい紙幣は、一世帯におしなべて五百円の暮らしを強要していた。

「ロマンス」と講談社

「ロマンス」は、こんな時代を背景にして、敗戦の翌年五月に創刊された。発行者は日比谷公園市政会館内の東京タイムズ出版局で、発行人は、奥付をみると田中勝美と記されていた。発行所と発行・編集人は、すぐ独立したロマンス社と熊谷寛、原田常治に変わるが、「ロマンス」は、その誌名、編集ともに、熊谷寛の手によって施行された。

ところが、創刊号の奥付に、熊谷寛の名前が見られないのは当時、彼は「東京タイムズ」の発行人になっていたからだった。

「東京タイムズ」もまた、熊谷寛の命名であった。「東京タイムズ」は、新聞界の切れ者岡村二一によって創刊され、二十年にわたって経営されていたが、その出発点は、信州は飯田在竜丘出身の竹馬の友、熊谷寛の熱心な勧めで創刊されていた。

「終戦後間もなく、宇佐見君は、私に新聞を発刊することをすすめてくれた。しかし、まったくバックも資産もなくして新聞を創刊することの困難さを思った私は、尻込みしていた。すると同君は『題名は東京タイムズ』とズバリといわれた。これをきいたとき、何かしら私の胸を強く打つものがあった。そうだ、ロンドンタイムズがあり、ニューヨークタイムズがある。東京タイムズの存在の意義を大いに感じたのである。

こうして、昭和二十一年二月六日に東京タイムズを創刊した。」

岡村二一は、この経緯をこのように記してる。

宇佐見君というのは熊谷寛の運勢判断家としての別名、宇佐見斉である。

「東京タイムズ」が、昭和二十一年二月、「ロマンス」はその三カ月後という準備期間の短い、あわただしい出発だった。敗戦後のどさくさ時代とはいえ、日刊新聞を創刊して三カ月後に雑誌を創刊するという手だては〝泥縄〟の誹《そし》りをまぬがれないところである。しかし、熊谷寛は、「ロマンス」の創刊に、充分の成算と企画案を持っていた。

熊谷とき子夫人はそのあたりのことを、「夫は講談社時代から『ロマンス』という誌名の娯楽読物雑誌を出したいという夢を持っていました。社内で誌名を募集した折に出案したこともありました」と、戦時中から熊谷の心の中に、温めていた企画であったと述懐している。

熊谷は、雑誌王・野間清治の講談社に大正十四年入社以来、「婦人倶楽部」に二十年間携わり、野間自身から〈魚を沢山獲ろうと思ったら、池の底まで網を入れなければならない。泥もゴミも掬うが、大漁もできる〉と教わっていた。そして、婦人誌の編集を通じて、うつろいやすい大衆の性情をつかみ、その動向を自家薬籠中のものとしていた。

加えて、小説家をはじめ執筆者への顔は広かった。長い講談社生活を通じて、編集仲間にも事欠かなかった。折しも、講談社は初代社長時代に築かれた〝鉄の統制〟も、敗戦のショックでゆるみ、社内は融和と明朗さを欠く暗い雰囲気の中にあった。

「婦人倶楽部」編集部から、戦争末期「講談倶楽部」の編集長に推されて、将来を嘱望された原田常治が、熊谷に招かれて東京タイムズ社出版局へ移ったのも、講談社の前途に見切をつけた故かも知れない。

彼は、熊谷と協力して「ロマンス」を創刊してほどなく、大陸から引揚げてきた後輩の桜庭政雄と、編集の主導権をめぐって対立し、一年足らずでロマンス社を去り、七人の同志と同志社を設立、「婦人生活」を創刊し、一時は数十万部に達した。

熊谷寛を筆頭に、原田常治、桜庭政雄、大和杢衛、そして一年遅れで参加する福山秀賢と、講談社出身者ばかりで固めた「ロマンス」と講談社の間には、はじめの頃は兄弟会社の情愛が通い合っていた。

たとえば、終戦直後、講談社の「キング」編集部では、多くの作家――それもいままで関係のなかった作家に、小説依頼の手紙を出した。織田作之助もその依頼によって小説を寄せた一人だが、〈せっかく書いてもらったものを、「キング」向きじゃないというので、原田常治氏の「ロマンス」へやってしまった〉（星野哲治談）といったこともあった。「ロマンス」の創刊号に、織田作之助の作品が載ったのはこんな事情からで、「キング」の「昨日・今日・明日」（昭和21年3月）は、その代わりとして「ロマンス」から「キング」に返した作品だった、と『講談社の歩んだ五十年』に記されている。

ちなみに、講談社の「キング」といえば、全盛時代の昭和の初期は、数百頁、発行部数百四十万部という〝国民雑誌〟と謳われたものだった。が、「ロマンス」と原稿の融通をした頃は、A5判、六十四頁、発行部数五万程度の片々たる小冊子にすぎなかった。これは、用紙その他の資材不足と製本能力の低下、空襲の惨害によって全国で三分の一の印刷所が焼失し、極度に制作活動が制約されていたことなどによる。編集者と机と執筆者――出版のための一応の条件は整っても、その大前提である紙と活字がないことには、どうにもならなかったのだ。

しかし、出版界は昭和二十年の暮頃からようやく好調の波に乗り始めた。

「戦時中、軍の提供物でしか読めなかった一般読書人は、軍関係以外のものなら、何にでも飛びついて、むさぼるように読んだ。極端にいえば、紙に印刷がほどこされていれば、阿呆だら経でも、気狂いの考案した将棋のつめ手でもよかったのである。そのくらいだから、良書となると、暁闇をついて発行所の店頭に行列をつくり、読書が早慶戦なみに落ちたと歎かれた。Gold Rush（黄金狂）に対して Scrap Rush（紙屑狂）とでもいったら、その感じが髣髴できるであろうか。」

（『講談社の歩んだ五十年』）

菊池寛に私淑

菊池寛の文藝春秋社が、菊池自身によって解散の決意が表明されたのも、その理由のひとつは、極度の資材不足に嫌気がさしたからだった。偉大なるリアリスト菊池寛は、昭和二十一年、旧文藝春秋社発行の最後の「文藝春秋」となった四・五月合併号で、その心境を簡潔に「其心記」にまとめて、次のようにのべていた。

○文藝春秋社も、今回解散することになった。主な理由は経営が困難であるからである。本社は、数百頁の雑誌を四、五十万部出す機構でやっている。従って、一ヵ月の経費は、二万五千円乃至三万円を要する。が、現在は、三十二頁の雑誌を、わずか数万部しか出せない。将来も何の見通しもつかない。本社が多年培った信用も、数十万の読者も、紙がなければ何のタシにもならない。闇の紙を買い漁って、経営をつゞけるような興味もないし、そうした才能のある者もいないのである。元来が、出版企業者ではない。機構を縮小して、月々五千円位の経費でやれるのだが、今更そんな整理なんかやりたくない。解散を断行する所以である。

○戦争中も、出版事業は、いろいろ圧制や干渉を受け相当の難行苦行であった。戦争中、出版で儲けたなどという人は、ホンの特殊の人であるだろう。企業整備で、紙の実績を買って残ることになったが、しかも、その実績に対する配給は、一枚もなかったのである。戦争中、出版事業をどうにかつづけようと努力した者が、ヒドイ目に遭い、戦争中、軍需事業などで、金を儲け、うまく紙を買いしめたものが、戦後の出版業界に栄えているのである。こうした時代には、いろいろ理屈に合わないことが行われるが、しかしそんな事を恨んでいてもキリがない。(以下略)

菊池寛独特のぶっきらぼうで直截的な「其心記」を、長々と引用したのには、二つの理由がある。一つは、当時の出版界事情の理解の一助にしたかったことと、いまひとつはロマンス社創立者・熊谷寛にとって、菊池寛は憧れの人であり、出版を志した原点に位置する人だからである。

奇しくも、その菊池寛が、文藝春秋社の解散を決意し、誌上に発表した月が、「ロマンス」第一号を世に送り出した月であった。

「ロマンス」が、この時期に出版界の先達、文藝春秋社でさえままならなかった〝紙〟に恵まれたのは、東京タイムズのお陰であった。東京タイムズの用紙事情は、その時期、割当があまっていて、闇で流すわけにもいかず〈余った分は使っていい〉と、岡村が許可を与えたのだった。

「そのかわり一号だけでやめる条件だ」

詩人肌ながらクールな岡村二一は、一回だけという歯止めは忘れなかった。彼には非情に近い読みが、生涯にわたり先行した。だが、熊谷寛との友情は、生涯にわたり変わらなかった。

ところが、「ロマンス」は創刊してみるとアッという間に売り切れた。しかし、いかに売れても二号のメドは立たなかった。折も折、岡村二一が、戦前、日独伊三国同盟の国際的な大スクープなどで、大活躍したことがGHQの忌諱に触れて、パージにひっかかった。十九万五千円の資本金のうち五万円を出資して、東京タイムズ社の社長の座についた式場隆三郎が、〝時の氏神〟になる。彼は、見かねて自分が単行本を出すために用意していた紙を「ロマンス」のために廻し、しかも紙代の手金として二万円を提供したのである。「ロマンス」が定期刊行物としての計画が立ったのは〈次の三号からだった〉と、消息通は語っている。

熊谷寛が、菊池寛にひかれ、密かに生涯の師と仰いだのは、名前が同じであったことと、菊池の人柄、才能に惚れ、運命を占ってもらったことにある。

熊谷は折に触れて、菊池寛のことを語っているが、その経緯は、

「私が中学三年の時でした。菊池寛氏が新進作家として台頭した頃で、私は、愛読者とし

て手紙を出したことがあります。菊池氏は丁寧な返事をくださいました。それから二、三年して文藝春秋を創刊した年の年賀状には、『友人芥川・久米の後援で文藝春秋を出すことにした。愛読してくれればうれしい』と記してありました。

婦人雑誌の編集者になってから、ある日菊池氏と話しているうちに、手相の話になりました。菊池氏は学生の頃、久米さんなどと歩いていて、本郷へんのどこかで手相を見てもらったところ『後世大いに名を成す』と言われてから、手相を信じるようになったと言われました。そんな話をしながら、私の手を見てくださったが『君の右手の線は面白いよ。非常に特色があるね。将来二つの方向に活躍できるよ』と言われました」

と語っている。

後年、運勢判断で活躍する熊谷を考えると、菊池の予言は当たったことになるだろう。また、熊谷は菊池寛から、「君と同名だね。しっかりやりたまえ」と激励されたこともあると私に述懐している。

ロマンス社の社長室には、最後の日まで、菊池のゆったりと煙草をくゆらせている四つ切りのポートレートが飾ってあった。

「熊谷の念願のひとつに、自分で雑誌を創刊し、その雑誌に菊池先生の小説を載せたい、ということがありました。その念願が『ロマンス』を出したことで叶えられるようになりましてね」

歌人であるとき子夫人は、その生前視線を遠くに投げて、私にそう語ってくれた。

ここで「ロマンス」が、どんな内容の娯楽読物雑誌であったか、特色の定まった創刊三号の目次をのぞいてみると、作家の顔ぶれは小島政二郎、長谷川幸延、劉寒吉、新田潤、菊田一夫と意外に地味であった。

この執筆陣で見るかぎり、「ロマンス」はその華やかで甘い誌名とは乖離《かいり》した、おとなの娯楽読物雑誌といえた。そして、ロマンチスト熊谷寛の性格が反映して、目次の上段には、フラ・アンジェリコ作「受胎告知」の模写がカットに用いられ、ポオル・フォールの名詩「わかれ」が、上田敏の『海潮音』から抜粋されて掲載されていた。

せめてなごりのくちづけを
浜へ出てみて投げませう

といった、甘い詩の一篇だ。扉に紹介される名詩・名歌は、やがて橋爪健の物語詩に発展する。日本の名作『金色夜叉』、西欧の名作『マクベス』などを、志村立美、岩田専太郎の三色刷りの挿絵に合わせて、五七調、七五調の定律詩に謳いあげる巻頭特集だった。「ロマンス」の巻頭を飾った多色刷りの物語詩は、巻を重ねるごとに話題の的となり、新興娯楽読物雑誌の一大特色となっていった。それと同時に「ロマンス」の〝誌価〟を高めたのは、第三号から連載をはじめた小島政二郎の恋愛小説『三百六十五夜』だった。三百六十五夜という口当たりのいいタイトルと、手馴れたストーリー運びは、甘い娯楽読物に飢えていた当時の大衆の心を、たちまち魅了してしまった。その小説は、ほとんどの漢字にルビをつけた読みやすさと、岩田専太郎の華麗な挿絵も、人気に増幅作用をもたらしたようであった。

そして、『三百六十五夜』は連載終了と同時に東宝で東京と大阪に分け映画化された。市川崑監督、上原謙、山根寿子らが出演する大メロドラマだった。この映画と時を同じくして西條八十と古賀政男コンビの主題歌を霧島昇と松原操がデュエットで歌い、映画と歌がまた雑誌の伸長に、ものすごいインパクトとなって、同類雑誌を制圧した。

「ロマンス」の全盛時代を担った編集長大和杢衛は、昭和二十二年の暮に、講談社からロマンス社に転入社した。

「その頃には、四十万部を刷っていてね。巻頭の詩物語も、私の入社と前後して岩田専太郎の発案で表二からはじめたんだよ」

と、創刊一年半で大部数に達した「ロマンス」の〝昇り竜〟の勢いを語っていた。

大和杢衛と同時期に入社した芳尾幸吉は、さらにその後の躍進ぶりを、

「『ロマンス』全盛時代の昭和二十三年頃には、八十二万五千部も発行していた」と言い、「ロマンス社は『ロマンス』についで『婦人世界』『少年世界』『映画スタア』『トルーストーリィ』『フォトプレイ』と六大雑誌を出していったが、その最盛期には、『婦人世界』が八十八万部、『少年世界』が十五万部、アメリカのマックファーデン社と提携した翻訳雑誌『トルーストーリィ』が十七万部、『フォトプレイ』が五万部だった」

と、当たるべからざる勢いを、部数の上から証言する。

熊谷寛は、想像を絶したロマンス社の躍進の中で、その出版の狙いを、敗戦で荒廃した

人々の心に〈愛《ラブ》の電波を送ろう〉と思い定めていたという。とき子夫人は、〝愛〟の意味をキリスト教に根ざした人類愛に通う〝愛〟であったと言い、言葉をついで次のように語っていた。

「焼け跡から立ち上がっていく人々に、『あたたかい愛の電波を送ろう』というのが熊谷の念願だったのです」

〝国民的雑誌〟に成長

ロマンス社発行の雑誌に、菊池寛の連載小説が掲載されるようになったのは、昭和二十二年の暮頃だった。菊池の登場は熊谷寛の悲願としていたもので、雑司ヶ谷の菊池のもとへ社長の熊谷が自ら、交渉に出向いた。菊池はその年の十月、ＧＨＱによる公職追放の指令を受けて、逼塞《ひっそく》の身であった。かつては訪問客で賑わった邸宅も、いまは訪れる人もなく、菊池は応接間で失意に沈んでいた。熊谷もまた、その年の十月二十一日に母しづ江を喪い、悲歎の極みにいた。この母は寛が少年の日、実業之日本社から発行されていた「婦人世界」を愛読していた。「婦人世界」は、運つたなく休刊になるが、それを「ロマンス」で成功した熊谷が版権を買いとり、二十二年十月を期して、復刊第一号として世に送り出したのだった。

講談社時代の一介の編集部員としてではなく、いまを時めくロマンス社社長として連載小説を懇願すると、菊池はぶっきらぼうな口調で、単刀直入に「原稿料はいくらだね」と、聞いた。熊谷はひそかに私淑し、励ましを受けていたこの恩人に、可能なかぎりの原稿料を支払おうと考えていたから、思い切った額を口にした。

「一回、二十万円でいかがでしょうか」

「いいだろう」

菊池寛は、茫洋とした風貌で、ひと言そう言った。その後、余談の中で、

「ぼくのような自由主義者を追放するなんて、意味ないよ。アメリカの恥ではないか」

と、癇性の高い声で言ったという。

ロマンス社の社長自ら決めた一回二十万円という稿料は、当時としてはケタはずれの高額だった。「ロマンス」編集部で菊池寛を担当した芳尾幸吉は、

「富永謙太郎のカットと挿絵を入れて六頁を予定していたが、原稿をいただくと、会話と改行につぐ改行のパラパラの原稿でした。枚数も十五枚であったり、十六枚であったりしたから、常に穴埋め原稿を用意し、受取ってみるまではレイアウトの予定もつかない状態でした」

という。拝跪していただいた大御所の小説は、結果的には、一枚あたり一万数千円に相当していたことになる。数十年後の現代でも、超一流の稿料であろう。

昭和二十四年頃、ロマンス社の支払い稿料の高さは、出版界の羨望と怨嗟の的であった。芳尾幸吉の記憶によると、小島政二郎、久米正雄、川口松太郎、舟橋聖一クラスで一回数十万円だった、という。舟橋の場合は、その半額は税金のかからない裏金で要求した。庶民が、一世帯数千円の新円生活を強いられている時、想像に絶する高額の稿料を取っていた〝大〟作家たちは、出版社との関係で事、作品に関する限り、いささかも妥協することはなかった。

吉屋信子が、ロマンス社の大物編集長・福山秀賢に送った手紙を見ると、それはあらわで、作家が自らの作品にどれほどの矜持と愛着を抱いていたかが、その筆勢で明らかになる。

「お手紙拝見、たゞ驚愕いたしました。折角、御希望通り、のばしておいたあの原稿が、一つの小見出しにまとまつてゐる。終り僅な（しかも三月号にかかる重要な伏線）ところで、尻切れとんぼで、組置きでは言語道断です。

これはいかにしても一緒に御掲載願はねば、三月号がみつともなくて大いに困ります。読者はいかに、あの作品を編集部でギヤクタイしてゐるかと呆れるでせう。たとへ、外の頁のどこかへあの部分を廻しても、おのせ下さい。もし、さもなくば、ロマンス社と私のいゝゐんは、これ切りで、三月号の原稿は差上げません。

外の事ならともかく、自分の作品を愛する以上、さういふ無理は出来ません。三月号は一つの小見出しでまとまつてゐるのですから、もう、あの組置きを冒頭にのせるわけには参りません。私は苦心して骨を削つて、かいてゐる作品ですから、そう軽々しく、失礼な扱ひ方をなさらないで下さい。（以下略）」

骨を削り苦心して書いている作品である故に、自らの作品に関するかぎり、一字一句の妥協も許さない。その気魄が誌面に横溢しているようである。彼女は、稿料に対しても一方的に厳しい要求をつきつけていた。全盛期のロマンス社に宛てた手紙を読むと、ウムを言わせない調子で、きわめて事務的に、次のように要望していた。

「いまゝでの稿料、時代の変化で安くなりましたから、講談社同様、御社も一枚六〇〇〇円にして戴きます。

この原稿から、さやうお願ひいたします。」

――カストリ雑誌の類にこれだけの気魄で取り組み、骨を削る苦心の作品を提供するものだろうか。「ロマンス」は、戦前の「キング」が百四十万部の発行部数を誇る〝国民雑誌〟であったように、戦後二十年代前期の国民的雑誌であったことは否めないところであろう。

歌と映画の「平凡」台頭

「ロマンス」が出版界を席巻し、話題を独占していた頃、日比谷市政会館地下のロマンス社には、リュックサックに札束をつめた町の本屋が「ロマンス」を求めて行列を作っていた。資本金十九万五千円の合資会社に〝札束リュック〟の行列は似つかわしからざる風景だった。しかし、現金で購えば確実に、その日のうちに二十数パーセントの利益をもたらす〝商品〟とあって、押しかける本屋の眼は血走っていた。

講談社史が、嗤笑的な表現でつづった〝紙屑狂〟の時代だったのだ。紙をネタに名のある出版社から前金を詐欺して、栃木くんだりの片田舎に〝狸御殿〟をおっ建て、情婦から執事、女中十余人を侍らして、一炊の夢を結んだ山師が出現したのも、この頃だった。

しかし、狂乱の時代はいつまでも続かなかった。昭和二十二年に千七百誌を数えた雑誌点数は、二十三年にはその半数にも充たない六百八十三誌に激減した。活字への飢えを、目の前に出現した雑誌で、とりあえず充たした読者は、雑誌の内容を選択するようになり、いかがわしいカストリ雑誌、まがいものの類に手を出さなくなったのである。

雑誌本来の企画が勝負時代に入ったわけである。講談社で雑誌編集の営為を叩き込まれていたロマンス社の面々にとっては、実力発揮の秋の到来だった。この頃「ロマンス」と共に羽振りをきかせていた娯楽雑誌に、北原武夫の「スタイル」、実業之日本社の「ホープ」、大佛次郎の「苦楽」、太虚堂書房の「りべらる」などがあった。後年、「ロマンス」のお株を奪う「平凡」は、A５判の文芸誌とも総合雑誌ともつかない中途半端な雑誌として、雑誌編集はズブの素人、岩堀喜之助、清水達夫に率いられ、冴えない誌面づくりに腐心していた。

「平凡」は当初は好調のすべり出しであったが、同類の雑誌が輩出し、「ロマンス」などの娯楽読物雑誌が台頭してくると、売れ行きは思わしくなくなった。「ロマンス」が破竹の快進撃をすすめる二十二年頃には、生死の関頭に立たされていた。ロマンス社の拠点日比谷市政会館地下を横に見て、日比谷公園のベンチで〈今後をどう打開したものか、頭をしぼった〉（岩堀喜之助談）「平凡」の面々だった。

思案にあまった岩堀が、新聞記者の先輩岡村二一のもとを訪れたのは、この頃だった。岡村二一の遺著『わが半生紀』に、この件は次のように記されているが、出版史の裏面を知る貴重な資料であろう。

「ある日、岩堀喜之助が訪ねてきて、『平凡』の割当用紙四千部をもっているから買い取ってくれ、との申出であった。岩堀は下中弥三郎の平凡社から、平凡という題号を譲り受けたか貰ったかして独立したのだったが、本はさっぱり売れないので廃刊を決意しているという。地下住いの東タイの応接間代りだった銀座裏の小料理屋『つる岡』の二階の狭い部屋に案内して、熊谷と一緒に岩堀の話をきいた私は、言下に断った。

『六十万の〝ロマンス〟がその一パーセントにも充たない用紙の割当を買ったところで、どうにもなりゃしない。岩堀君、いまは書生っぽい屁理屈や新聞記事の焼き直しみたいなもので雑誌をつくっても駄目なんだ。〝ロマンス〟の向うを張って、〝ロマンス〟よりも若い読者層をねらったらどうだろう。漫画と漫文を活用して……』

岩堀は申出を断られた上に、お説教を聞かされたので、余りいい顔をしないで帰って行ったが、間もなく『平凡』は私の言った通り、いや、それを上まわって大胆な編集転換をやった。」

「平凡」が、〝歌と映画の娯楽雑誌〟というキャッチフレーズをかかげて、B5判にイメージチェンジを図ったのは、昭和二十三年二月号のことであった。わが世の春を謳歌する〝歌と映画の娯楽雑誌〟「ロマンス」へ〝蟷螂の斧〟のタトエに似た小雑誌の果敢な切り込みであった。

しかし、「ロマンス」の誌面を飾る豪華執筆陣、菊池寛、吉屋信子、小島政二郎、竹田敏彦などは「平凡」にとっては、はるかな高嶺の花であった。これらの人気作家は、講談社時代に培った「ロマンス」の編集者の顔と、出版界随一と羨望される、気の遠くなるほどの高い稿料によって、はじめて掲載が可能の作家であった。

「平凡」の誌面に登場している作家の顔ぶれは、「ロマンス」では、人気作家の添えもののように、目次で活字の号数を一号も二号も落とされた小糸のぶ、土岐雄三のクラスであった。岩堀と清水は、誌面刷新の眼目として小説の主柱に小糸のぶを置き、毎月生み出される歌と映画を紹介していく編集方針をとった。娯楽読物を主体とした「ロマンス」に較べて、「平凡」は当然、ティーンエイジャーにセールスポイントを置く雑誌となった。識者がジャリと蔑み、歯牙にもかけないティーンエイジャーに、岩堀と清水は狙いを定め〝客の座〟を用意したのである。

岩堀は、このティーンエイジャーの〝読者とともに〟歩んでいくことをモットーとし、ティーンエイジャーとともに編集する雑誌であれば、彼らのものの見方、考え方、感じ方を知らねばならないの思いに至った。岩堀は以来、社長の日課として、毎日毎日、全国から送られてくる読者の手紙、はがきに目を通すことに徹した。そして、満員電車で通勤し、銭湯へ行き、陋巷を歩き、肌身でティーンエイジャーの心に触れ、共鳴し、その要求を忠実に「平凡」の誌面に反映させようとした。

岩堀の肌身でつかんだティーンエイジャーは、マスコミからこましゃくれたジャリ歌手と嫌われた美空ひばりの歌にしびれ、読む要素より見る要素の多い雑誌に惹かれる人々であることを発見した。

「ロマンス」が旧態依然の伊藤龍雄の表紙、橋爪健と岩田専太郎の詩絵巻、小島政二郎ら老大家の小説を載せているとき、「平凡」は、人気女優の写真を表紙にグラビアは、美空ひばり、岡晴夫、小畑実といった人気歌手、そしてヒット曲の歌詞を載せ、小説は、小糸のぶの「乙女の性典」を連載しはじめたのである。

「平凡」には、喪うもののない強さと、いい意味における素人性があった。その二点から導き出される独創性が、誌面に反映されていた。ところが、戦前の講談社で、二十年に近い編集経験を持つ「ロマンス」の幹部には、「平凡」の編集者が持つ新鮮な眼と好奇心と、戦後派読者のニーズを探るひたむきな姿勢を持ち合わせてはいなかった。

「先んずれば全を制す」の金言そのまま、苦労知らずで、たちまちに天下のロマンス社となった驕慢さが社員を眠らせ、生きものといっていい雑誌にとってタブーであるマンネリ化の道を辿らせていたのである。

大入り袋も夢と消えて

ロマンス社が本社を、徳富蘇峰が国民新聞を発行していた民友社跡へ移したのが、昭和二十四年のことである。社の表札は、蘇峰の揮毫《きごう》だった。この場所は、典型的な銀座通り、並木通りに面した西銀座八丁目の角地で、古色蒼然たる二階建てのビルが、きらびやかな街衢《がいく》の中にひっそりと沈んでいる感じだった。

銀座の社屋を買うには、次のような経緯があった。岡村二一の遺著によると、「ロマンス」が「僅かな従業員でやる仕事だから儲けは増すばかり……」の頃、勝田重太郎という岡村の同郷の先輩がやってきて、次のような動きをしたのだった。

「勝田は今の中日新聞の前身の新愛知の社長大島一郎の懐刀的な存在であった。徳富蘇峰の国民新聞の経営が行き詰まって新愛知に助力を求めたところ、大島の命を受けて、勝田が国民新聞の営業を担当したことがあった。けれども、国民新聞の建て直しは困難で、蘇峰は西銀座の並木通りにある民友社の土地建物を手離したいといい、その斡旋を勝田に頼んだのであった。勝田は私に向かってその話をし、

『実は日本一の場所だから、料理屋を営む第三国人なぞから、ベラ棒な高値を言ってきているが、由緒ある建物が、そういうものになることは忍び難い。あくまで言論出版関係に

引き継いで貰いたいと、蘇峰先生はいうのだ。もし君が引き受けてくれるというなら、先生は大喜びで安く譲る、というんだが、どうだろうか』

との話であった。私は二つ返事で承諾した。その時の値段は、あまり安すぎるといって、後で税務署筋から疑われたほどのものであった。」

岡村の仲介で、民友社のビルは、ロマンス社のものとなった。ところが、ロマンス社が本社を移し、社屋の角にロマンス社、屋上に「ロマンス」「婦人世界」といった六大誌のネオンサインを明滅させはじめると、その一角はにわかに新しい息吹を漂わせ、精彩を甦らせてきた。

しかし、日本を代表する繁華街のど真ん中に社を移したことは、ロマンス社幹部らの師、野間清治の教えに背戻《はいれい》する行動であった。

野間は音羽の地に本社を定めた時、次のような考えを披瀝していたのである。

「繁華な土地には、いろいろな流行がいち早く押し寄せて来る。流行も必ずしも悪いとはいえないが、とにかく形だけの模倣が行われやすい。願わくば、自分たちの独創の考えで、独自一個のやり方で、天に則って進んで行きたい。それにはなるべく静かな所がよい。」

雑誌王の慧眼も遺訓も、好調の波に乗るロマンス社の首脳陣には、耳遠い教えだった。彼らは鎧袖一触の勢いで、次々と派手なふるまいを繰りひろげ、たとえば毎年、東京、大阪の大劇場を借り切って、愛読者を招いて行うロマンス祭には、ブギの女王笠置シヅ子や、近江俊郎、藤原義江等、超一流の人気スターをステージに立たせた。文士劇『父帰る』を、菊池寛、久米正雄、小島政二郎、川口松太郎など、錚々たる作家を集めて、日比谷公会堂で上演したのも、社をあげてのロマンス祭の折りだった。

大入袋が毎月のように出た。二十三歳の平社員で、二十三、四年当時、月収一万五千円もあった。前にも書いた笑い話だが、あまり度重なる大入袋に、ある社員は社長に、

「社長！　大入袋というゴム印をお作りになったら……」

と提案したという。熊谷は、その厳《いか》つい容貌に似つかわしくない、やさしい声で、「いや、輪転機で刷りましょう」と、冗談を言ったほどだった。当時の一万五千円は、今日の一部上場会社の部長クラスの月収に相当するだろう。

ロマンス社の急激な社運の上昇と業務の広がりは、一方で社の体質に脆弱な瑕瑾《かきん》をつくっていった。縁故関係や知己の紹介で陸続と入社してくる社員の中に、戦時下、中国大陸で特務機関にいたと噂される、正体のさだかでない者も紛れ込んできた。男の名前は塩谷某《なにがし》といった。恰幅のいい体をダブルの背広に包み、陰険に光る眼を縁なしのキザな眼鏡で隠していた。塩谷はお手のものの謀略の手口で、短時日に人事権を掌握。会社の命運を左右する要職に就き、桜庭政雄と組んで社の業務を壟断《ろうだん》した。

ロッキード事件で〝時の人〟となった福田太郎も、外国部長の職席で塩谷と前後して入社していた。アメリカのマックファーデン社の日本代理店となり、「トルーストーリィ」「フォトプレイ」の日本語版発行の業務に、彼の語学力を必要としたのである。

ロマンス社が、アメリカの出版社と組み、見せかけの繁栄を謳歌している頃、敗戦のド

サクサに簇生した出版社の大部分は、雲散霧消しつつあった。徐々に老舗が復興し、地力を発揮しはじめると、資力のない、経営面営業面に素人商法の類は、見込み生産、委託販売の出版業界に伍してゆく力はなかったのだ。

まず、資金繰りがあわただしくなり、原稿料が遅れ、社員の給料もとどこおりがちとなる……。

吉田内閣の池田蔵相が〈中小企業の倒産はやむをえない〉と放言して物議をかもしたのは昭和二十五年三月だった。中小企業――いや零細個人商店的な出版界では、不況をもろに被り雑誌の休・廃刊があいつぎ、一月から六ヵ月間に、発行雑誌数千七百六十二誌に対して、休刊百四十四誌、廃刊三百六十七誌に上がった。(日本出版協会調べ)

私が熊谷寛の元に押しかけ、居候に拾われ、詰め襟の学生服姿で社長室の給仕とも秘書ともつかぬ仕事を仰せつかった頃、原稿料の停滞、給料の遅配がはじまっていた。

人気作家が、ロマンス社の雑誌ばなれを見せはじめる。作家と編集者のつながりが、意外と薄いことを知らされた。ある日、和服を着流し、雪駄ばきの海音寺潮五郎が、太いステッキ片手に社へ顔を出した。「少年世界」に連載した小説の遅れた稿料を催促に寄ったのである。しかし、経理に金はなかった。海音寺は、魁偉な相貌を朱に染め、怒りをあらわにすると、右手に握ったステッキで階段上のシャンデリアを叩き割った。そして、周囲に響きわたる大声で、「俺の原稿料分だ。これで気がせいせいした」と言って、肩を怒らせて出て行く姿を、私はこの目で見ていた。

ある夜更け、社の玄関付近が騒々しいので宿直をしていた私がカーテンを細めにあけてみた。銀座のど真ん中にあったから毎夜、酔客が付近で騒ぎ〝夜の蝶〟といわれたホステスの嬌声も、常に聞こえていた。しかし、その夜はとくにやかましかった。カーテンの陰から見ると、ロマンス社の玄関で、両脇を夜の蝶に支えられ、放尿している男がいた。声を尖《とが》らして誰何《すいか》すると、酔客はネオンの明滅の間に、怒りの表情を浮かび上がらせて、「俺は西川だ。お前んとこは稿料も払ってくれねえから、ションベンかけてやるんだ！」と、大声で叫んだのだ。酔客は「おトラさん」や「マスラオ派出夫会」といったギャグ漫画で活躍していた、人気漫画家の西川辰美だった。

質より量志向で台頭した雑誌社の末期の無惨さを示す、象徴的なエピソードであった。村松梢風が「ロマンス」の稿料支払い交渉に来て、社長室で激昂し、暴れたのもこの頃である。当時「少年世界」の編集部員だった加藤卓彦の話によると、「村松さんは一方で、社長派の若い編集者に同情して、カンパの金を渡していった」と言う。

小島政二郎、久米正雄ら、熊谷寛、福山秀賢、大和杢衛らと親しい作家が、ロマンス社内紛の調停に立つ動きもあった。清水八十治が、法曹界の大物三輪寿壮を連れて来て、社長、副社長派の斡旋をしたが不調に終わった。

私がアルバイトに取りたてられて二ヵ月後の昭和二十五年七月十四日、ロマンス社は、二億円の負債をかかえて解散した。

すぐ、ロマンス出版社が発足し、社長に式場隆三郎を据えたが、一部の反対で流れ、結局、大口債権者である交通公社の顧問弁護士浅田清松が、社長代行に決まった。しかし、これを不満とする大和、福山ら社長派の少数が、中外印刷社長渡辺一郎の後押しで、ロマンス本社を設立。八月四日に、両社から二つの「ロマンス」が発行された。

いや正確にいうと、ロマンス本社版は「ロマンス」の表紙に急遽、Moden とｒ抜きの間違ったスペルを刷り込んで発行を強行したのだった。

無限責任社員であった熊谷寛は、全財産を押さえられ、人質の形でロマンス出版社の平取締役に残された。気鋭の社員は去り、百名以下に減少し、「ロマンス」「婦人世界」「トルーストーリィ」の三誌のみが新社で続行されることになった。だが、桜庭政雄の天下にはなったものの、ロマンス出版社に往年の勢いはなく、一年数ヵ月後、東西南北社と麻雀荘のような社名に変更された。

社名変更を契機に、熊谷寛が「婦人世界」のタイトルをもって「婦人世界社」を設立。付録のない読物娯楽を主体とした婦人雑誌を志したが、一年で夢は潰えた。看板雑誌「ロマンス」と「トルーストーリィ」を擁した桜庭政雄らも、一時、アメリカの「レディス・ホーム・ジャーナル」の日本版を発行したりしたが、生活レベルの落差の大きい日本風土に、直訳のアメリカ婦人雑誌は馴染まず敗退。昭和三十一年には東西南北社も解散した。

彗星のように出現した「ロマンス」は、「平凡」「明星」といった新しい星々の登場で光芒を失い、経営者のキャパシティー不足、社内訌争など幾重にも重なる悪要因によって、流星のように消滅していったのである。

鬼才　団鬼六との青春

江利チエミと高英男の対談のあと、後列右が黒岩幸彦（団鬼六）、中央が著者。

まがまがしい筆名の団鬼六は、いまでは暗黒文学《ロマン・ノワール》を日本に広めたSM界の大御所として知られている。

その第一人者が本名・黒岩幸彦で、映画と軽音楽の小雑誌の編集者になったのは、昭和二十九年だった。

たまたまその雑誌に居たのが私で、同世代でもあったことから親交を深める間柄になった。

私は、ロマンス社の倒産後、同系列の残党が創立した出版社を転々とするが、四社目に辿り着いたのが、岡村二一の東京タイムズだった。

東京タイムズの下っ端編集者

婦人世界社が一年そこそこで行き詰まり、解散に追い込まれると、私はまた失職の身となった。出版界は、戦前派が活力をとりもどし、戦後、雨後の筍のように簇生《そうせい》した新興出版社、創刊誌はあらかた消え去っていった。

私はこの時も熊谷寛に従い、彼が竹馬の友岡村二一を唆《そその》かして創業させた東京タイムズ社の出版局へ転入することになった。

東京タイムズは、内外タイムズと共に、戦後の新興紙としては成功した新聞のひとつだった。戦前、同盟通信に依って敏腕を謳われ、太平洋戦争の直前、第二次近衛文麿内閣の外相だった松岡洋右の外遊に随行して、世界を仰天させた日ソ中立条約の一大スクープをものにした岡村が、ワンマン社長として采配をふるっていた。

「東京タイムズ」という「ニューヨーク・タイムズ」「ロンドン・タイムズ」に肩を並べるような巧みな紙名は熊谷が付けたもので、戦後、GHQのパージにかかり、同盟通信を追われて無聊《ぶりょう》をかこっていた岡村は、このアイディアを受けて、創刊に走ることになった。

熊谷寛は、ロマンス社を創設し、同社の社長になってからも、東京タイムズ社の監査役の関係から、ロマンス社が消滅した後、出戻りの形で東タイに復帰し、私は出戻りの連れ子同然の姿で、肩をすぼめて新橋駅前の同社に移ったのである。

同社では、洋画と軽音楽をメインにしたバタ臭い「スターストーリー」編集部に所属した。ほぼ三年間勤め、軽音楽担当者として泥縄式に軽音楽から歌謡分野の知識を学んだが、そのフィールドワークを基にした仕事が幸運をもたらすことになった。

四十代半ばで失職し、出版界の落ち穂拾いとなって、口に糊する境遇に追い込まれた時、軽音楽の雑学が身を助けてくれたのである。東タイ時代の三年間は、息をのむような安給料と、下種《げす》で吝嗇《りんしょく》な編集長に苦しめられたものだが、それが反面教師となって、後半生を拓いてくれたのだった。

当時の仇敵、朋友のすべてが居なくなった現在、「死人に口なし」の彼らの非を詰《なじ》り、罵倒することはつつしむべきだろう。あの時、不倶戴天の反面教師が居てくれたからこそ、後半生があると思うと、口幅ったいが、心からの感謝を申し述べたい心境である。

東京タイムズ社出版局は、三年余り勤めただけで、雑誌が売れ行き不振で休刊になって、退社した。

この期間の僅かな間、翻訳要員として関西学院大出身の黒岩幸彦が仮入社し、机を並べていた。かれは後年のSM文学の巨匠となる団鬼六であった。

彼とは不思議と馬が合って胸襟を開く仲になった。

筐底から出て来た昭和二十九年当時の日記に、黒岩のことが次のように記されている。

×月×日

池袋の森永ベルトラインで黒岩君とビールを飲み、彼の生い立ち、母親にまつわる複雑な家庭の事情を聞いた。

それによると、現在、大映の新人俳優で国木田独歩の孫というふれこみの三田隆は、黒岩君の父親違いの兄だという。

その昔、国木田虎雄との間に出来た子で、母親は虎雄の浮気に腹を立てて家出をし、黒岩君の父と、前歴を秘して結ばれたのだと。

ところが、幸彦と妹の美代子が生まれた頃、母親の昔の友人で女優だった者たちが、黒岩家へ出入りするうちに、彼女の前歴がバレ、夫は立腹して離婚を迫ったが、二人の子どもが居るので、どうにかとりなして今日まで経っている。

妹の美代子が大映の女優になったのは、三田隆の引きであったとか。しかし隆は母親には愛着は持たず、その関係は冷ややかだという。

しかし、三田隆は国木田虎雄との間にできた子で、三歳まで育てたとあって、母親としての情があった。で、上京した折には密かに会っているらしかった。隆なる男は、かなりの収入があるもデカダンスな生活で、金を湯水のごとく浪費する一方、愛人から貢がせて恥ない男だった。

一方、母親のかつて連れ合いだった虎雄は、その当時、精神病院の門衛の僅かな収入と、父・国木田独歩の印税で細々と暮らし、三田隆とは義絶して久しかった……。

黒岩幸彦は、驚きにみちたこのような秘話を、事もなげに話してくれた。

異父兄である三田隆は、このしばらく後に安アパートの一室で、新聞紙にくるまって孤独死していたことが新聞の社会面に載ったことを記憶している。

黒岩は、わずかな期間勤めただけで卑劣な編集長の人となりに愛想づかしをして、辞表を叩きつけ退社してしまった。しかし、私とはその後も交遊はつづいた。

退社して三年後、文藝春秋の「オール読物新人杯」に『浪速に死す』が佳作入選、翌三十二年には『親子丼』が入選するという才能を秘めながら、私との付き合いの中では、その片鱗《へんりん》すら見せず、酔っ払って私の下宿へ何回か泊まっているが、書架に並べられた貧しい蔵書の背表紙だに眺めず、関西弁で巧みなワイ談は披瀝してくれたが、ＳＭのウンチクの開陳はなかった。

その黒岩が、松次郎の名でエンターテインメントに充ちた小説を、さらに団鬼六という禍々《まがまが》しいペンネームで悪魔文学《ロマン・ノアール》を書き、斯界の巨魁になっていると知ったのは、私が週刊誌の編集長に転じた後だった。

私は早速、団鬼六に変身をとげていた往年の友に連載読物を頼みに行き、二つ返事で『隠花植物群』なる異色性愛の読みものを引き受けてもらった。稿料は彼が類誌から貰う半額にも充たない廉さであった。

団鬼六　放浪の日々

団鬼六との一件は、『団鬼六の世界　花は紅』（幻冬舎刊）に、二十代の放浪の日々を知る希少な友人として、私は鬼六に乞われて次の通りに書いている。そのまま掲載させていただく。

まず、次頁の写真（この章のトップ頁に転載）に、ご注目いただきたい。

当時、人気絶頂のジャズ歌手江利チエミと、シャンソン歌手高英男との対談後のスナップである。後列右が黒岩幸彦（のちの団鬼六）で、並んで中央が私である。彼が二十四歳、私が一つ上の二十五歳で、共に「スターストーリー」の下っ端編集者であった。

「追試験で関西学院大学をやっと卒業したんや」と称する黒岩幸彦が、洋画と軽音楽を扱うバタ臭い映画雑誌に、翻訳要員として入ってきたのは、昭和二十九年初秋だった。

彼の自伝『蛇のみちは』には、私と知り合った時の第一印象を、イカヅチ頭の軽薄な小男として、戯《ふざ》けた筆づかいで次のように書いている。

「このイカヅチ頭で、どことなくおっちょこちょいの感じがする小男が、後に週刊大衆の編集長になった塩沢正信《（ママ）》であった。私はこのスターストーリー社にいたのは結局三ヵ月であったが、その期間に随分とこの人には世話になり、酔っ払っては彼の下宿に泊まり込んでいたものだ。彼が週刊大衆の編集長になった時、すぐに彼から私の所に直接、原稿依頼が来て、私はその週刊誌に一年間連載随筆を書かせてもらったが――（中略）」

関西育ちの黒岩は、大阪なまりの巧みな語り口で、話題の対象をカリカチュアライズするのを常としていた。上京後に、世話になっている妹が歌手の黒岩美代子で、美貌の彼女は映画にも端役で出ていた。

兄の語りによると、「妹は、字幕で監督の前に出ている女優だす。ある時映画に出演したと言うので、親戚、知人一同で映画館に押しかけたんやが、何回見ても妹は出ていらはらない。後で聞いたら『傘で顔を隠して、さっと通り過ぎる女がいたでしょう。あれが私です』といいくさって……」といった調子だった。

私たちが勤めた映画雑誌の編集長は、昭和二十年代中期に倒産した八雲書店にいた男だった。（中略）

彼はその社で「スターストーリー」を創刊し、ほどなく倒産したため、ドサクサまぎれに商標権を横領して、戦後に、いち早く出版界を席巻したロマンス社創業者の熊谷寛と、結びついたのである。熊谷も二十六年にロマンス社を倒産させ、古巣の東京タイムズ社へ戻っていた。熊谷家の居候で、倒産寸前に学生アルバイト風情で入社した私は、出戻りの連れ子同然の姿で、熊谷に従って、東京タイムズ社に潜り込んでいたのである。

こんな経緯で「スターストーリー」は、東京タイムズ社出版局が発行元になった。編集室は当初、練馬区江古田の熊谷家の離れに置かれていた。

居候時代の私が、一時期、起居していた部屋であった。

黒岩は自伝『蛇のみちは』で次のように書いている。

「私の待遇は三ヵ月間は準社員という形で給料はなし、そのかわり原稿用紙一枚につき、二百円の翻訳料を支払うというものであった。三ヵ月間は月極いくらの交通費だけをもらって江古田に通い、社長宅の日本間を改造した事務所の中で、外国雑誌と辞書を片手に終日睨めっこをするという、面白くない仕事である。」

この面白くない地味な仕事に加えて、黒岩を腐らせたのは、編集長の下種な言動だった。吊り上がった抜け目ない眼に精悍さを漂わせていたが、その言動には一筋縄ではいかぬ渡り者のしたたかさがあった。

「芥川賞の候補になったことがある」というふれこみと、ジャズを語らせたら最右翼と自称していた。芥川賞云々は、その荒い品性のない文章から、ハッタリもいいところだった。

黒岩は『蛇のみちは』で、この編集長を山田の仮名で、次のように紹介している。

「ハッタリ屋という言葉が大阪にはあるが、山田というこの映画雑誌社の編集長は、正にこのハッタリ屋で、非常に自分は学のある人間だという事を、部下の編集者に見せつけようとする妙な癖がある。英語でもフランス語でも自分は堪能なのだと、おかしな見栄をはるのだ。（中略）こいつは底抜けの阿呆だと最初から私は彼を見くびるようになった。」

この編集長には、部下たちは陰険ないじめに遭った。黒岩幸彦はその辺を、「彼等は編集長の山田に対しては皆、相当な不満を抱き合っていた。山田が事務所から一寸席を外すと、すぐに編集部員達は彼の悪口をいい合った。見栄っ張りのくせにケチで、頭の悪いくせに利口そうにすましこんでいる。その上、度胸がなく、何か仕事に失策があると、すぐにそれを部下の故《せい》にしてしまう——彼の悪口は大体、こんな所であった。」そして、「山田がいない時に一番彼の悪口を楽しそうにしゃべりまくるのは塩沢氏で、その次は私であった。」とつづけるが、安給料の下っ端編集者は、他愛ない上司の悪口でウップンを晴らしていたのである。

いま一つ、辞書と首っぴきで翻訳のノルマを課せられた黒岩は、何かの口実を求め編集室から抜け出すことを、渇望していた。

「塩沢氏は、今日は江利チエミを取材するとか、越路吹雪を取材するとかいって毎日忙しくかけずり回り、終日、机の前で面白くもない翻訳をさせられている私は、そんな彼をうらやましく思っていたのだが、ある日の朝、出社した彼は、今日は新東宝の有力な新人を取材するのだといって、その頃からもう薄くなった髪の毛を事務所の鏡の前で手入れし始めた。〈塩沢注・当時の私は髪の毛の多さに困却していた。冒頭の写真を見れば明らか(笑)〉

その新人というのが、新東宝の高島忠夫と中山昭二、それからゲストとして東宝の司葉子であり、それを新橋の料理屋の二階へ招待して、色々雑談する事になっているというので、私はふと顔を上げた。」

黒岩は、この時、「高島忠夫と大学時代の親友ですねん。ワテも連れてってくれまへんか」

と頼んできたのである。黒岩はつづけて次の通りに書いている。

「『ああ、いいとも』

と、塩沢氏はすぐ承知してくれて、編集長の未だ現れぬ事を幸いに、すぐ彼のあとについて外へ出て行った。

新人スターを招待してある料理屋へ向かったのだが、高島忠夫や中山昭二など、新東宝を代表する若手スター達は、もうすでに来て何やら雑談の最中だった。

『何や、お前、東京へ来とったんか、阿呆』

『久しぶりやんけん、阿呆』

五年ぶりに再会した高島忠夫と私がまずかわした挨拶はこんな調子で、阿呆が最後につくのは相手に親しみをこめているからで昔の習慣なのだが、横で聞いていた塩沢氏はびっくりした表情になっていた。」

この件も、当時とそのままで、黒岩と高島の間に飛び交った会話の語尾には、やたらと〝阿呆、阿呆〟が連呼されていた。

黒岩幸彦は、編集長の目を盗んで、私と歌手やスターの取材に出歩いていたことがバレたのと、奴の病的な吝嗇《りんしょく》さ、卑劣な人となりに愛想づかしして、辞表を叩き付けるのだが、この短い期間に私は彼と酒席を重ねた。私の下宿先が編集室に近い武蔵野音大の隣だった関係で、飲んで酔っ払っては、泊まってもらっていた。

黒岩の酒は陽性な酒で、関西弁にまぶした絶妙な語り口の一つひとつに、オチがあった。

金銭は実に恬淡《てんたん》としていた。何処からか飲代《のみしろ》を工面してくると、「先輩、飲みまひょうか」と、キャバレーへ私を連れ込み、月五千円程度の収入時代に、一晩で二、三千円を使い切っていた。

三年後、文藝春秋の「オール読物新人杯」に『浪速に死す』が佳作入選。翌三十二年には『親子丼』が入選するという、端倪《たんげい》すべからざる才能を秘めながら、編集部や私とのつきあい中で、その片鱗すら見せなかった。第一、私の下宿に来て書架の背表紙など一瞥だにしなかった。ワイ談はしたが、SMの蘊蓄《うんちく》の披瀝もなかった。

この黒岩が松次郎の名で純文学を、さらに悪魔文学《ロマン●ノアール》の巨魁・団鬼六と知るのは、「週刊大衆」の編集長に転じた後であった。自らの不明を恥じる心境だった。

この間、黒岩が新橋に開いた「34」というバーに招かれて飲むなど、間歇《かんけつ》的なつきあいは続けていたが、おどろおどろした団鬼六のペンネームで「奇譚クラブ」や「裏窓」に、悪魔文学の古典的評価を定着させる一大傑作『花と蛇』等を書いている事情には、暗かった。

私が週刊誌の長を担った昭和三、四十年代頃には、麻雀だのSMプレイは一般社会から蔑みの対象でしかなく、ましてそれをモチーフにした小説など、マイナーな奇譚か地下文学の評価しか与えられず、むろん、メジャー誌からはお呼びもかからなかったのだ。

今日の異端は明日の正統——と考える私は、自ら編集する週刊誌に、阿佐田哲也の『麻雀放浪記』、川上宗薫の好色小説、大藪春彦のアクション小説など、エンターテインメント性にあふれる小説読物や特集記事を掲載することで、着実に実売部数を伸ばしていった。

団鬼六に変身をとげた二十年来の友に、『隠花植物群』の連載を直に頼みに行ったのは、誌面へさらに強力なインパクトを願ってのことだった。

数年ぶりに逢った暗黒文学の大御所は、三浦半島の三崎の中学校で英語教師をしていたと語り、昔と変わらぬ気さくさで、用談がすむや、

「先輩、いっぱいやりまひょか」

と、右手で杯を上げるしぐさをした。

――人は計り難い。

阿佐田哲也こと色川武大

左端が阿佐田哲也。右端は畑正憲。うしろ右端が著者。

私は、週刊誌の編集長を十年も負わされるという、自慢にもならないキャリアを経ているが、この間、売れゆきアップに多大な追い風になってくれたのが、阿佐田哲也（朝ダ徹夜ダ）なるふざけたペンネームの作家の連載小説『麻雀放浪記』だった。

麻雀遊びも知らない野暮天が編集長を務める週刊誌に、戦後大衆文学の最大の収穫と評される小説が、いかにして登場したのか。

阿佐田哲也とは、いったい、いかなる人物であったのか。

覆面作家の登場

眼と鼻と口以外を覆面でおおったプロレスラーの登場は、その正体を解き明かそうという気持ちを観客に抱かせる。そのミステリアスな雰囲気は、見る者の好奇心を増幅させて、勝負をさらに面白いものにするのだろう。

小説にしても作者が正体不明の覆面作家であり、作品が実在作家の片鱗もみせない文体と内容であったら、読む者の興味をいやがうえにもかきたてる。

阿佐田哲也が、無類の面白さにみちた麻雀《マージャン》小説を舞台に、忽然と登場したときの雰囲気は、〝覆面作家〟にまことにぴったりだった。

昭和四十四（一九六九）年の春先の頃だった。

その頃、銀座のレストラン「白汀」で「週刊大衆」主催で田辺茂一と梶山季之の対談が行われたことがあった。同誌の編集長であった私と担当記者も末席に連なっていたが、梶山は席に着くなり私に向かい、

「阿佐田哲也とは、何者ですか……」

と、度の強い眼鏡の奥の柔和な眼に、おそれの影を浮かべて聞いてきたのである。

阿佐田哲也とは、「週刊大衆」誌上に連載中の『麻雀放浪記』の作者名だった。

底知れない魅力を秘めた麻雀は、いったんはじめると一昼夜でも二昼夜でも人を遊びの虜にしてしまう魔性のある遊びで、宵から打ちはじめて朝となり、徹夜を通すことはめずらしくはない。

その麻雀の実態を「アサダテツヤ」というフザケたペンネームにして、とてつもないギャンブル小説を書きつづけている謎の作家で、そのフザけた名前にそぐわない、ギャンブルに身をもち崩し、修羅場を生き抜いた者のみが描けるアウトローの世界が、この小説にはヴィヴィッドに描写されていた。

筆力はたしかであった。登場人物の私こと〝坊や哲〟だの〝ドサ健〟〝出目徳〟〝女衒の達〟などアウトローが躍動し、なまなかの作家では描けない底力を感じさせた。

当時、月刊誌、週刊誌上に、破天荒なポルノ小説を量産し、〝助平人間〟を自称して八面六臂の活躍をしている〝梶サン〟にも、その人気をおびやかす新人の登場と考えられたのだろう。

彼をおびえさせた理由はいまひとつあった。筆力と好奇の世界をのぞかせる新人作家の登場は、当時、そうめずらしいことではなく、大衆小説に不可欠な豊かなストーリー展開と、面白さを描ける新人は少なくはなかった。しかし『麻雀放浪記』には、日本の大衆小説にかつて、こころみられたことのない新趣向が用いられていたのである。

それは、アウトローたちが、人知をつくしてくりひろげられる麻雀戦の様相が、牌《パイ》の配図によって読みとれる仕組みになっていたのである。つまり、麻雀牌自体が主人公たちと一緒に、ストーリーの展開に関わっていることで、この筋立ては麻雀ファンにはこたえられない面白さだった。

その一方で、『麻雀放浪記』は、麻雀が皆目わからない読者をも、引き入れる蠱惑力《こわくりょく》をもっていた。阿佐田哲也が登場する以前のギャンブル小説のほとんどが、ゲームテクニックに溺れて、人間が碌《ろく》に描けていなかったのに較べて、この作品には麻雀を背景にした普通の小説に近い仕立て……人間が見事に描けていたのだった。

アトランダムに一部をピックアップしてみれば明らかになるだろう。

恐ろしい形をしたいくつもの黒雲が、すごい早さで空を横切っていた。低気圧が来ているらしい。

私はその頃、中学校の制服を着たまま、毎日上野へ来て、浮浪者とぼんやり坐りこんでいた。家には商事会社（つまり闇屋の会社だ）に勤務していることになっていた。私の親もご多分に洩れず敗戦で失職し、おまけにインフレで、学校どころではなかった。

しかし、私はまだ就職していなかった。まだ見つからぬうちに、家の中の暗い空気に居たたまれず、出勤と称して、毎日家を出ていたのだ。（中略）

もう、夕方であった。

私はいつもの通り、国電で帰宅するために、西郷さんの銅像の下を離れて公園の道を歩き出した。

細道のきわに痩せこけた中年の男が、一人立っていた。おい兄さん、と男は私を呼んだ。

「ちょっと話があるんだ。此所へ来いよ」

男の片腕が肩のつけ根から無かった。……


主人公の私こと〝坊や哲〟が登場するくだりだが、その達意な文章はギャンブルを離れても、読者を引っぱっていく力をもっていた。登場人物の一人ひとりが生きていて、その動きは麻雀という背景を抜きにしても読むに耐える魅力にみちていたのだ。

梶山が声をひそめて、その正体を訊く理由は、麻雀を知らない者にでも理解できた。

「色川さんですよ。色川武大……」

梶山の表情は、謎の人物のフルネームを言い終わらぬうちに和んだ。ピース罐から抜きとった一本の煙草を軽く口にくわえると、

「ああ、色川さんね。色川さんならわかる……安心しましたよ」

彼は言葉を切り、緊張感から解放されたように一息、煙を吐き、間をおいて言った。

「もし素人に、あんなうまい小説を書かれたんでは、僕らメシの食いあげですよ。色川さんだったら、当然、お書きになれる小説でしょう」

その奔放な小説とウラハラに、実生活では長幼の序をわきまえ、きわめて礼儀の正しかった梶山季之は、第六回中央公論新人賞作家・色川武大に深い畏敬の念をこめて、私にそう語ったのだ。

中公新人賞受賞後の沈黙

色川武大が『黒い布』によって、第六回中央公論の新人賞を得たのは、昭和三十六（一九六一）年九月のことである。第一回の受賞者に、深沢七郎の『楢山節考』を選んだこの新人賞は、特異な資質をもつ新人を発掘する舞台として、文壇の注目を浴びていた。

色川の『黒い布』は、丹羽文雄の『厭がらせの年齢』の親父版といわれ、選者の三島由紀夫らの高い評価を得ていた。彼の父親は、予備役の海軍少将で彼がものごころつく頃には、すでに恩給で生活する身であったが、この父は海軍提督の姿勢を戦後もかたくなに守って、生きつづけていた。

色川の幼い頃、殴るときに馬鞭を使うような根っからの軍人だった。偽善にみちたこの父親に反撥するように、武大は子供の頃から、手におえない変わった少年だった。

小学校低学年の頃には学校の便所が使えなかった。我慢に我慢を重ねて、家まで走り帰り、玄関にぶちまけてしまったことが何度もある。朝の洗顔が出来ない。風呂には入れない。床屋に行けない。衣服をかえられない。合唱ができない。一人ではよけい唄えない。唄の情緒というものは万人共通の顔をしているから。喧嘩ができない。皆がしゃべるときにはしゃべれない。誰もやらないこと以外はすべて抵抗がある。その代わり、列を離れる範疇に属することならいかなることがあってもおどろかない。

（人並みでないくせに）人並みであろうとするはずかしさを堪え忍ぶくらいなら、孤立、孤独の方がはるかに楽なのである。嘲笑には強い。のみならずそれを逆手にとっていきられるならその方が安定感がある。（『怪しい来客簿』）

幼い時代にグレ、中学無期停学、敗戦とともに博打打ちの世界に沈淪《ちんりん》久しかった、この〝特異人間〟を知る者は、彼の中公新人賞受賞を信じられぬアクシデントと、訝《いぶ》ったほどだった。

「君が賞を貰うようじゃ世も末だね」

と、親しい者の一人が、面と向かって色川に言った。常識的人間だったら激怒するような言葉を浴びせかけられても、嘲笑には強い色川は、「ほぼ同感」の思いで受け止めていたという。

それは、ずっと本気で文学に精進している苦節ン十年の刻苦勉励型に較べたら「自分などは冷やかし半分の無類漢」に、世間の人は見たのではないか、という認識からだった。もっとも、韜晦《とうかい》を得意とする気質を、幼い頃から人一倍に増幅させ、いまや習い性となった感の深い色川の言葉を、額面通りに受けとることには異論もあった。が、少なくとも当時は、ドロップアウト人間の受賞を、世間は「世も末」と受けとめたことは事実だった。

この気持ちは、色川武大の〝表面〟を知る人ほど強かった。自らも好んでアウトロー、落ちこぼれ、無頼人間伝説をふりまいたきらいがあったからだ。

しかし、その作品『黒い布』だけを読んだ人々は、この作家を「すぐれた資質をもった新人の登場……」と、深い畏敬の念をこめて、熱い眼差しで見つめていた。新人賞の選にかかわった人々も、この新人作家が、原稿のマス目いっぱいを埋める力のこもった文字を書き記して、遅筆ではあるが、確実な作品を世に問うていくものと嘱望した。

色川は、だが、世間の熱い期待感を外に、「中央公論」の小説特集に時代小説を一本発表。同人誌の「犀」や「早稲田文学」などに地味な小説を二、三書いたのみで、色川武大の名では、ほとんど作品を発表しなかった。

沈黙の理由を色川は、十余年後のエッセイで、次のように説明している。

「三十年生きて、小説らしいものが一本書けたのなら、もう三十年、又生きて、それでもう一本書いてやろう。教養ある玄人作家に対抗する作品を書くには、彼等にできない長い時間をかけるより手は無い。もし、小説を書く気ならば、三十年とはいわないまでも、じれったくなるような長い時間を、沈黙して生きるよりほかはない。」

いま一つは、「私がたった一度書いた受賞の小説が、本人もびっくりするほど讃辞を呈されて……文章に関することで無責任な所業をしないことが、賞をくれた人々に対する礼儀」と思った故でもあった。

本名で書かない理由はなんであれ、権威のある中公新人賞を受賞後、突如、筆を絶って喰ていけるはずはなかった。自宅は牛込北町にあったから、宿には困らなかったが……。もっとも、十代後半から、比較的ふところに余裕がある場合はドヤ街に泊り、ない場合は、「道ばたや他人の家の芝生や鉄橋の橋げたや、いろんなところに寝ていた……その方が楽だったから」と虚実をまじえて記す色川は、時と場合によりどこででも寝られる修練はできていたようだ。

しかし生活費だけは、何らかの方法で稼がねばならない。色川は、筆を絶った代償として、当面の喰いぶちを、競輪と麻雀に頼ったのだった。

敗戦直後の数年間を博打の世界で喰いつなぎ、昭和二十七年以来、足を洗って、小出版社の編集者をしたり、匿名で大衆小説を書いていたが、十年にしてまた元の博打打ちに戻ったわけだった。

いや、正確に言えば、わずかな勤めの時代でも、彼は本質的には博打打ちだった。

……一度、ばくちで稼ぐ味をおぼえてしまったので、似たような、なお面倒なことをする気はない。本当は下品でない生き方をしたかったけれど、職歴学歴なし私を雇ってくれるところはどこも五十歩百歩のはずだった。

当時私は左のような戒律を自分に課していた。

一カ所に淀まないこと。

あせって一足飛びに変化しようとしないこと。

他人とちがうバランスのとりかたをすること。
ばくちで覚った教訓を応用しているつもりだったが……。（『怪しい来客簿』）

色川のアウトロー生活への回帰は、とりもなおさず、勝手知った世界へ戻ったことでもあった。その彼の気のおけないたまり場となったところは、牛込北町の自宅から徒歩で行ける距離の双葉社だった。市ヶ谷の外堀通りに面したその社は、当時、同工異曲の大衆娯楽の読み物雑誌を十数誌出している雑誌社だった。

そこは、色川が井上志摩夫のペンネームで発表する剣豪小説の上得意先であったし、家族的雰囲気で、遊び好きな編集者が多かったのである。

その友人のひとりの「宮本裕二郎という編集者と知りあったのが、私には画期的なことだった。彼が競輪の天才だったからである」（『朝だ徹夜で、日が暮れて』）と色川は後年記すが、『小説阿佐田哲也』によると、かなり変型《デフォルメ》された形で、そのくだりは次のように書かれている。

虫喰仙次は、職業は編集者だったが、奴とのつながりは競輪と麻雀だった。……奴は虫喰に、競輪の髄を教わり、麻雀の奥を教えた。（中略）虫喰は奴より二つ年上だったが、苦労して育ち、下積みの仕事を転々としながら、しかし相当に頑強だったらしく、何かに屈したような気配は身につけていなかった。編集者になる直前の職は、魚河岸の運転手である。（中略）当時、魚河岸を舞台にしてヒットした大衆小説の主人公のモデルと囁かれ、それが縁で雑誌社に転入した。そうして半年もすると、素人のはずの虫喰が、その社の五、六十人居た社員たちを魅了し、実質的なボスになった。上役も先輩も糞もない。当時、彼に追随しなかったのは創業主の養子だけだったと思う。
　虫喰は昼近くに社に現れ、出勤簿に判を押す。昼休みには同僚を引具して近くの喫茶店に行き、仕事の打ち合わせをし、身上相談に乗り、呼んでおいた作家、画家に会い、（彼の雑誌は大家や流行作家は使わなかった）一時すぎタクシーをつかまえて競輪場に向かう。日曜日だけはどこですごすかわからないが、週日の午後は必ず競輪場だった。

（『小説　阿佐田哲也』）

　カルカチュアライズされた名の虫喰仙次がイコール実在人物の、宮本某とは考えられないが、この二人がインフォーマルな関係で、より深く結ばれた友人であることは否めないところだった。彼は、井上志摩夫の小説を高く評価し、自由気ままに発表する舞台を提供していた。その舞台とは「大衆小説」という文字通りの大衆読み物雑誌だった。
『小説　阿佐田哲也』では、彼の恣意《しい》で「大家や流行作家は使わなかった……」となっているが、安い原稿料と手軽な雑誌づくりでは、大家や流行作家は使いたくとも使えなかったし、仕事を投げ出して、競輪だの麻雀にうつつを抜かしている落第編集者では、まともな作家の小説は間違ってても取れるはずはなかった。

色川武大と双葉社の編集者たちとの関係から、彼が匿名にしろ、ペンネームにしろ、沈黙を破って、問題のエンターテインメント小説を発表する舞台は、双葉社から発行されているいずれかの雑誌というムードが、二重にも三重にも熟成されていたのである。

雀豪作家誕生

私が三代目編集長の「週刊大衆」に、色川武大が阿佐田哲也のペンネームで麻雀小説を書きはじめたのは、中央公論新人賞を受賞して六年後であった。

「週刊大衆」は、出版社系の週刊誌としては「週刊新潮」「週刊女性」につぐ、早い時期の昭和三十三（一九五八）年四月に創刊されていた。偶然にも、赤線の灯が消される同時期である。「アサヒ芸能」によく似た官能的な編集方針をとった軟派系週刊誌あった。

「週刊新潮」が、文芸出版社の伝統を生かした文芸路線で出発し、創刊当初の連載小説に谷崎潤一郎の『鴨東綺譚』、大佛次郎の『おかしな奴』、五味康祐の『柳生武芸帳』などを掲載し、明治・大正・昭和三代で培った文芸出版社の実力を申し分なく発揮したのに対し、戦後派の大衆読物雑誌社で創刊した「週刊大衆」は連載小説で、まず苛酷な試練を味わされた。

出版社としての伝統と実績のない非力さは、「週刊大衆」の創刊に当り、目ぼしい人気作家に、軒なみ断られることで非情なまでに実証されたのである。創刊号に辛うじて間に合った連載小説にしても、山手樹一郎の浪人ものと、火野葦平の侠客ものだった。それも搦手から攻めて、ようやく連載を可能にした小説だった。

出版社の実力は、創刊される雑誌の掲載広告と、連載小説にもっとも色濃く表れるもので、人気作家の手馴れた面白い小説が、創刊初期の海のものとも山のものとも知れぬ雑誌の読者を集め、部数を支えるのに大きな力になる。それに加え掲載される広告主のグレードと料金が、マスマガジンを安定させる力にもなっていたのだ。

ところが「週刊大衆」の創刊当時は、強力な連載小説をとれるだけの力もなく、パンチのきいたトップ記事をまとめる取材陣もそろわず、話題に乏しい冴えない誌面づくりを繰り返していた。二十万部前後に実売部数が低迷していたことでも、その非力さは知れるだろう。

しかし、この社は、創業者社長のユニークな経営戦略で、トータルな面では年々、確実に黒字を計上しつづけていた。

その経営戦略とは、社長自ら名づけて〝キャラメル戦法〟だった。

一箱二十粒入ったキャラメルは、一粒一粒同じ形で同じ味だが、顧客はよろこんで口に入れてくれる。双葉社で発行される十数誌の大衆読物雑誌も、このキャラメルと同じで、誌名と表紙の絵が異なるだけで、内容はほとんど同じ作家の同工異曲の小説ばかりだった。

それでいて、一誌で数万の部数がさばけていた。臨時・増刊・特集・別冊を連発していたから、トータルすれば百万部近い売上げになる計算だった。

戦後、米穀商から出版業を志したその創業者は、出版業界に罷り通るしきたりも、ならわしも知らなかった。その強みが〝キャラメル戦法〟などという経営戦略を生み出す原動力であった。いまひとつ、用紙は一括して買い入れ、すべての支払いは現金で決済していた。むろん、現金払いの長所を徹底的に活かして、可能なかぎり安く仕入れていた。

それに加え、こうした会社と経営者にありがちな同族経営のワンマン体質だった。弟二人を専務と常務に据え、出版の営為をあくまで儲けで割り切る強さをもっていた。それ故、商売の勘は鋭かった。

だが、創業者の卓抜した経営戦略をもってしても、「週刊大衆」の誌面は魅力あるものにはならなかった。編集長は実弟、副編集長を社の古株で占めるという陣容と、大衆読物雑誌の編集で育った面々では、週単位の事件を追いかけ、話題をあつめる編集作業は至難でもあった。

色川武大は「週刊大衆」創刊の頃は読書欄を一任されて、週数冊の新刊を読み、力のこもった文字で、四百字原稿用紙の升目をいっぱいに埋めた書評を書いていた。原稿はいつも遅かった。その一方で〝キャラメル戦法〟の二、三誌に、幾つかのペンネームでエンターテインメント的小説を書いていた。

……娯楽作家になろうと思ったわけではない。ばくち打ちが小料理屋をやるのと同じで、表面、定職のあるような恰好をしていただけである。

はじめて奴の原稿を読んだ虫喰が、ははは、と笑って、

『なんとか、恰好にはなってるじゃないか』

『当り前よ。ばくちうちにくらべりゃ、実業なんか屁のようなもんだ』

そんなことで、奴と虫喰は、まんざら競輪と麻雀だけの交際ではなくなった。雨の日など、虫喰の社のロビーで話しこむことがある。しかし、そうなっても、編集者とライターの間柄ではなかった。

虫喰自身を選手と見立てるばかりではなく、経営者や社員たちもそれぞれ選手だし、どうすれば生存競争に勝ち残れるか、それを推理する。競輪とちがって、こちらの方が推理しやすい。彼我の個性や実力の差がかなり大きいし、概念的な動きをする者が多かったから。

小説として描かれたこの部分を、そのままに解釈することはできないが、色川武大の双葉社とのつき合いの深さ、内情に精通した様子は、このフィクションを通しても明らかになろう。

ほぼゼネレーションを共にする彼と私は「イロさん」「シオさん」と呼び合う関係になるが、当初、ロマンス社、東京タイムズ社を経て中途入社の編集者に多少の関心を持った

様子だった。だが、麻雀も知らない無趣味な私は、話し合う機会もなかった。

そのイロさんと私が交遊するようになったのは、酒を通じてであった。彼はそのあたりを、私が発行人となっている「愛蔵版　阿佐田哲也麻雀小説自選集」のあとがき『朝だ徹夜で、日が暮れて』の中で、次の通りに書いている。

「社員重役第二号のシオさん塩澤実信さんは、二十年前に呑んではまだ独身で下宿住まいだった彼のところへ行き、人生論を語り合った。合うたびに今でもその話が出る。」

「週刊大衆」は、創刊後三年にして、血縁者以外の編集長に私を据えて誌面の刷新を図った。二十万部前後の低迷から、ようやく上昇の兆しを見せはじめたのはこの頃からだった。新編集長となった私は、まず、連載小説の強化にかかった。

手はじめにレズビアンの世界を描いた藤原審爾の『赤い関係』、南条範夫の『月影兵庫旅を行く』が、読者の反響を伝えてきた。大藪春彦の拳銃とカーを駆使したアクションもののの〝掟〟シリーズも話題をよび、川上宗薫の〝好色〟シリーズが、毎週、エロチックな雰囲気を過不足なく満たして話題となった。取材記事にも力がついて、その相乗効果でようやく三十万部近い実売部数になった。

一篇数回の短編連載「麻雀小説シリーズ」がはじまったのは、昭和四十三（一九六八）年の春だった。第一弾、佐野洋。第二弾、藤原審爾とつづいて、謎の作家、阿佐田哲也の『実録・雀豪列伝』が登場したのは、夏から秋にかけてだった。

その麻雀小説は、薄汚い博打打ちの生活を描きながら、不思議と陰湿なうらぶれた感じはなく、一抹のロマンが漂っていた。作者の麻雀に対する造詣の深さと、修羅を生きてきた実感が、行間に濃密につまっている感じだった。軽い筆致ながら、アウトローの生きざまの襞《ひだ》までのぞかせる描写力が見事だった。

一読して、なみなみならぬ実力派作家と感じさせた。当然のように、

「阿佐田哲也とは何者か」

という疑問が、読者はもとより、編集者、同業の作家仲間から、澎湃《ほうはい》としておこった。

しかし、謎をつきつめる前に、『実録・雀豪列伝』は終わってしまった。

作者の輪郭がややおぼろげにわかってきたのは、昭和四十三年の年末に出た「週刊大衆」一月二日号によってだった。同誌の『人物接点』に四頁にわたり「阿佐田哲也氏の雀豪的人生観　牌をつかんで死にペンを持って生き返った覆面作家」として、次のように紹介されたのだ。

「阿佐田哲也は、その正体を明かせば、知る人も多い、純文学の作家である。しかし、ここではそのことは避ける」と前置きし、小学校六年生から鉄火場に足を入れ、麻雀打《パイニン》ちに生きた閲歴と、その生活からつかんだ人生観が、淡々と語られていたのだ。

そして、次号からはじまる新連載小説『麻雀放浪記』について、「週刊大衆の担当編集者は『麻雀版・人生劇場』ということですがね……」と言い、登場人物は「結局……なにはともあれ努力をし、やさしさに欠ける男たちのハナシ、不幸な時代の不幸な男たちの物語、ということになるでしょう」と予告していた。

同じ号の連載予告には阿佐田哲也の名で、言葉をかえて次のように述べていた。

「ギャンブルの世界で生きるための、ただひとつの条件は、自分以外の何者をも信用しない強い決意である。一度でもこの決意が崩れると、罰として忽ち敗者の列に追いこまれてしまう。

この小説には、ジャングルの獣の日々の如き苛烈な日常を送る若者たちが多数登場する筈である。彼等をどのように評価するか、それは読者のご自由だが、それぞれ孤独な彼等のために、しばらくの間、その勝運を祈っていただきたい。」

『実録・雀豪列伝』を読んだ者は、作者のこの言葉少ない前口上に、ゾクゾクするほどの期待感をもった。

落ちこぼれ、無頼人間を喧伝し、無学を標榜しながら、色川武大は二十代の初期から自らの文学の才に恃《たの》むところが見え隠れしていた。私と飲んだときなどに、彼の巧みな自己韜晦が、ほんの一瞬崩れることもあった。そんなとき、彼は、「シオさん、自分のことだけを考えていればいいんです。会社のことなんかどうだっていいんだ」と、チラリと本音を洩らすことがあった。

大衆雑誌社で編集長となり、部数の増減に一喜一憂する小物など、大きな志を秘める色川から見ると、とるに足らぬ軽輩に見えたのだろう。

さて、色川武大は、根負けした形で「週刊大衆」に『麻雀放浪記』を連載する約束をしたが、前提条件として阿佐田哲也の本名は当分、口外しない。双葉社以外の雑誌には、阿佐田哲也の名前で麻雀小説は書かないという取り決めを、どちらからともなく行った。

昭和四十四（一九六九）年一月九日号から、『麻雀放浪記』は誌上に登場した。秋野卓美の挿絵が、やわらかい雰囲気を添えていた。「チンチロ部落」が第一回だった。


もはやお忘れであろう。或いは、ごくありきたりの常識としてしかご存じない方も多かろうが、試みに東京の舗装道路を、どこといわずに掘ってみれば、確実に、ドス黒い焼土がすぐさま現れてくる筈である。

つい二十年あまり前、東京が見渡す限りの焼け野原と化したことがあった。当時、上野の山に立って東を見ると、国際劇場がありありと見えたし、南を見れば都心のビル街の外郭が手にとるように望めた。つまり、その間にほとんど建物がなかったのだ。

人々は、地面と同じように丸裸だった。食う物も着る物も、住む所もない。にもかかわらず、ぎらぎらと照りつける太陽の下を、誰彼なしに実によく出歩いた。


よくこなれたナイーブな文体だった。読む者をスーッと文中に引き入れていく。阿佐田哲也の小説は、「週刊大衆」に登場したそれまでの、どの小説よりも読者に受け入れられていることが、確実な手ごたえを伴って返ってきた。

「小説は圧倒的な力を発揮するには、新しいヒーローの設定がうまくできるかどうかにかかっている」とは、「週刊新潮」の野平健一が私に教示してくれた言葉だが、『麻雀放浪記』

は、見事にこの言葉を裏づけていた。

「週刊大衆」が、懸案だった実売三十万部の壁を越えたのは、この小説の連載がはじまってからだった。読者層も、ブルー・カラーから、ホワイト・カラーに変わっていく様が克明にわかった。亡国遊戯といわれた麻雀が、ようやく市民権を得る時期と重なったことも幸運だった。麻雀クラブに出入りしても、遊び人とは見られなくなっていたし、まして、麻雀小説を読んでいても、奇異な眼で見られない。むしろその面白さを口コミで聞いて、掲載誌を買う時代となっていた。

阿佐田哲也の担当に、何人かの編集者の交代があって、三浦宏之が付いたのもよかった。早稲田大学の〝麻雀学部〟を卒業した、と自称するプロ雀士をもしのぐこの麻雀の熟達者は、ギャンブラーの心理をよく読みとり、遅筆家の阿佐田哲也をリラックスさせ、励まし、力づけ、創作意欲をかきたててやまなかった。

しかも、ナルコレプシーという奇病にとりつかれて麻雀、執筆の途中でも眠ってしまい、覚めているとみえても、夢とうつつの世界を往来している病的人間を、週一回の締切りに間に合わせることは、特殊なテクニックが必要だった。三浦は、その役割を見事に果たしたのである。

戦後最高の悪漢小説の評価

阿佐田哲也の『麻雀放浪記』は、「活字になりはじめると、単なる娯楽小説には過分と思えるほどの読者の御声援があった……」と作者に言わせるほどの大きな反響を呼んだ。

「日本にはあまり育っていない一種のピカレスク（悪漢小説）にしてみたいと思ったが、正直のところ、自信はなかった。連載途中でもまだ迷っていた」という阿佐田哲也の迷いを捨てさせたばかりか、「麻雀を道具にすると普通ならハジかれそうな事柄が、スッと楽に話し合えるということを発見した。これがずいぶん励みになった」と語らせるほどに、作者に自信を与え、小説作法の新しい発見にもつながった。

好評は好評をよんで「青春編」につづく第二部「風雲編」、第三部「激闘編」、第四部「番外編」とつづいて、新書版になるや双葉社の一大ロングセラーになった。面白いから売れに売れるのは当然だったが、小説としての評価も高く、それは名うての小説読み吉行淳之介の次の言葉にシンボライズされていた。

「これだけの面白い悪漢小説・教養小説（？）には、めったに出会えるものではない。」

また、畑正憲は「これは、戦後の大衆文学の最大の収穫だと言ってよかろう」と激賞した。『麻雀放浪記』が話題になりはじめた頃、牌は「パイパン」以外は皆目わからない野暮天の私が、作者に麻雀遊びへおくればせの入門を、ほのめかしたことがあった。

　すると「まえがき」にも書いておいたが、阿佐田は、おだやかな表情ながら、二重瞼の大きな眼で私の眼をのぞき込むようにして、

「シオさん、こんな遊びをいまから覚えることはないですよ。あんたは賭けごとをやらないから、運を小出しに使わない。だから、いい運を持っているんですよ」

と、ユニークな運勢観をもちだして、カンの悪い男の言葉を、やんわりたしなめてくれた。

　彼がその時に言った「こんな遊び」の口吻《こうふん》には、なぜか唾棄するような侮蔑《ぶべつ》の匂いが感じられた。当時の麻雀にはイカサマが罷り通っていて、巧妙なその手さばきで彼らは不逞の私利を貪っていたようだ。

　しかし、読者が声援し、評者が阿佐田哲也の実力をこれほどまでに認めてしまうと、生殺与奪の権を握る〝親権者〟色川武大も、どうすることもできなくなった。小説の主人公が一人歩きをはじめたように、一回こっきりと考えた道楽息子は〝親権者〟の思惑をよそに、堂々と歩きまわって、純文学に呻吟する寡作家の色川武大を、扶養するまでになった体裁だった。

「人生というやつは一寸先がわからない……私は麻雀小説で飯を喰おうなどとは夢にも思わなかった」

　と、純文学志向の色川武大の〝慨嘆〟も、虚像阿佐田哲也の前では、影の薄い言葉に聞こえてくるのだった。

人生に、「もしも……」の言葉は許されないが、彼が「もしも」麻雀小説で新しい分野を拓かなかったら、色川の生活は、ちがった方向にいっていたことは想像に難しくない。色川はその問いに対して、

「乞食になっていただろうよ。しかし、乞食も悪くないからなァ」

と、つぶやくように答える、人を喰った面があった。

乞食とは人聞きの悪いアイロニーだが、色川の十代後半から二十代初めにかけてを知る人は、まんざら冗談とも考えられなかった。

私は、敗戦の五、六年程、特に烈しく、グレていたことがある。

グレていた、と折り折りに文章に記してきた。けれども多くの場合、そういう一行で片づけてしまって、その内容をあまり記そうとしない。そうでない場合も、部分をチラリと出すにとどめるか、あるいは虚構にする。

それは、混沌とした時期で、一言にいいつくしがたいということもあるが、主として絵にならないほど、恰好のつかない日々だったからである。

グレるということは、つまりは、あさはかなことだと見られがちであり、事実そういう要素がたっぷりあるのだが、本グレということになると、これでなかなか軽々しい日々ではない。(『花のさかりは地下道で』)

色川武大はこのグレた時代を作品の養分として後年の虚構の世界に実らせるのだが、人からみたら、ドロップ・アウトの極みと思われる生活の中で、「私は自分も将来、できたら自分流の小説を書きたいと思っていたけれど、どうしても形にならないでいた。……私の友人の文学青年の誰彼とくらべてみると、テーマを基に小説を造っていくタイプは、出来の良し悪しはべつにして、わりと形になりやすい。その反対に、イマジネーションというのはいかに工夫しても完全に文学にしがたいのであろう」と、ペン先にイマジネーションが結晶しない苦しみに、苦衷の日々を過ごしていたのだった。

『黒い布』受賞以降、色川武大が久しく沈黙を守り、分身の阿佐田哲也のみが華やかな活躍をしていたのも、色川の考える「プロ作家に伍していける仕事」ができないからだった。

彼は、新人賞を受賞し、高い評価をされても、「それで小説書きの平均点に達したと思ったら、プロに負ける」と、かたくなに信じていた。プロ作家だったら、一ヵ月や二ヵ月で書ける小説を、色川は気の遠くなるほどの時間をかけて、それこそ骨をけずるほどの苦労をしないことには、太刀打ちできる作品は書けないと、自らに言い聞かせていたのだ。

色川は、沈黙の時代を含めて、自らの身辺を語る時には、度々引用しているように、好んでドロップ・アウトの生活を述べていた。

それが習い性となって、端では彼の実生活を重ねて見てしまっていたが、色川と親しい交わりのあった作家や評論家の中には、果たして本当に、あんな修羅場に身を沈めていたのかと疑問視する向もあった。

母親の色川あきがその一人だった。彼女は息子の小説を読んで「よくまあこんなことが書いてあると思うほど、本当の姿とは違う、ウソっぱちばかりでございましてねぇ」と、驚くべき証言をしていた。

色川と同世代の文芸評論家の秋山駿も、一歳年上の彼の世間の裏から裏へと辿る生き方に、最初は疑問の念を持った。が、本名で書いた『遠景　雀　復活』を読んで、「ああこういう人だったのかと発見の思いがあった」と述べた上で、その理由を次のように綴っていた。

「極度に内向的な、たいへん繊細な心を抱いている人だった。そして、その繊細さを、自分の生の傷として考えるようなタイプの人だった。いや、氏が考えたのではなく、時代の現実によって考えさせられた、というのが本当だろう」

秋山駿は、一見乱暴な生き方を選んだ色川武大の繊細さの中央に居坐《いすわ》っているのが、芸術であると分析した上で、

「氏は作家だが、小説生活がずいぶんと困難だっただろう、苦しんだろう、と私は思う。氏の抱いているような芸術的繊細さは、ふつうの小説の形とは上手く調和しないのである」

と正鵠を射た評を書いていた。

色川武大再登場

色川武大が『怪しい来客簿』でふたたび作家の真価を問うたのは、『黒い布』から十年の後であった。矢崎泰久の「話の特集」に、一年数ヵ月にわたって連載した短篇集で、一篇一篇の登場人物は、常識人の世界からはみ出した連中だった。たとえば、サバ折りを得意手として国技館をわかした、巨漢力士の出羽ヶ嶽の文ちゃんとか、昭和の初期、エノケンと組んで浅草で活躍した二村定一の哀しい末路。鈍足、弱肩のモタモタ守備のプロ野球選手・木暮力三。あるいは、色川の生家近くの神楽坂に戦時中出没した余市っぁんだの山岡のおばさんといった箍《たが》が外れた奇妙な人物たちだった。

「……外見や精神内容が人間の枠からはみ出した連中を作者は好んで書くが、その人たちは常に一枚の鏡をもっていて、作者の姿を映し出している。作者と対象とが綯いまぜになって、きわめてリアルだが幻想的でもある世界が現れてくる。作中人物は人間という土壌から宙に浮き上がっていないどころか、煮えたぎってゆっくり起伏する粘った泥の海を見るようだ。」

吉行淳之介は、『怪しい来客簿』を評してこのように述べた。「常に一枚の鏡を持っていて、作者の姿を映し出している……」云々の評は、色川武大の創作の方法をついた、おそろしいばかりに見事な評だった。色川は中公新人賞の『黒い布』以来、描く対象に自分の姿を映し出し、その対象を描くとみせて自分を描いているところがあった。

色川武大にとって、海軍の高官だった父親は、(自分の生を考えるときに) 鏡の役割を果たしていた。父と子の関係は、一本の縦の線で過去から未来へとつづく線ではなく、生の繰り返しと武大には考えられたのだ。だから、父親の生きざまは、自分の生き方を見ることでもあった。デフォルメはされているが、自分を描くのに父親の姿を書く形になるのが、色川の小説作法だった。

土台から造形した人物とちがって、実際のそれも血のつながる父親を描くとなると、どんなにデフォルメをこころみても、書けない部分があった。しかし、その部分をはずしてしまうとリアリティに不自然さが出てしまうのだった。

色川は『黒い布』で描ききれなかった父親像を、いつの日にか書ききることで、色川文学にケリをつけたい想いがあった。しかし、それには対象をとことん見つめ、発酵のための長い時間が必要だった。色川は、その間を阿佐田哲也の名でエンターテインメント作品を書きつづけていたわけである。

『黒い布』から十余年の沈黙を破って、色川武大の名前による『怪しい来客簿』を書いたのちも、彼はこれ一作で、また沈黙の殻の中に閉じこもるつもりだった。

これは世間流にいうと私のはじめての創作集である。はじめて小説らしきものを記したのは中学生の時だから、考えてみると、三十年の余、小説を書き記そうと思っていたことになるが、中学生のときから数えて短いものを五つ六つ、或いは七つ八つ書き記したかどうか。その間、一度も努力はしなかった。たまさか声をかけてくださる方のご厚意も恐縮しながら裏切った。私は自然で、人より優れたものを持たないかわり、放っておいても大まちがいはしない。私のような男は、一生の間で一番いい条件のとき、たとえばひどく不幸になるとかしたときに事をかまえるほかない。それ以外の方法では人に伍するものは書き記せない。

それがどういうわけか、矢崎泰久さんの『話の特集』からも話があって、十年ぶりに本名を使う気になった。毎月、雑事のあいまに小品をあたふたと記した。一年余で、三十余年のトータルよりも多い量が記せるというところが我ながら信用できない。これはアマチュアの作法ではない。致命的に悪いものは書かないといってもそれは気ままにしている限りの話であって、そのうえ、人前に出すには磨きをかける必要がある。このゲラも、もう十年ほど手もとにおいて眺め暮らしていたい気がする。そうしなかったのは、大病をしてあせりが生じたせいであろうか。しかし、もちろん、あせったところで道は開けない。かりに三百年生きるとして、三十年に一本ぐらいずつが私のペースであるから、きままにのん気にしている限り、もう五つ六つ書き記せるかもしれない。途中で死ねば不運とあきらめる。(『怪しい来客簿』あとがき)

これが色川武大の『怪しい来客簿』を一冊にまとめたときのホンネであった。色川自身「三十年に一本ぐらいが私のペース」と考え、気ままにのん気な処世術を通そうにも、マスコミ界は、このユニークな〝遅れて来た新人〟の再スタートを、黙視してはくれなかった。処女短篇集『怪しい来客簿』は、第五回の泉鏡花賞に輝いたほか、色川武大の名で発表した『離婚』で「天から降ってきたように」（色川談）第七十九回直木賞を受賞。さらに、私小説的な『生家へ』などの一連の小説で、異様なリアリティ漂う世界を描く特異な作家の地位を確立したのである。

稼ぎでは阿佐田哲也には遠く及ばない色川だったが、以降作品の資質の面では、きわめて高い評価を得る仕事を世に問いつづけることになった。端でみるかぎり、阿佐田哲也といい、色川武大といい、堂々たるプロ作家であった。しかし、色川は、世の評価にうなずく気持ちはなかった。

「小説書きの垢はなるべくつけたくない。なんであれ、定職みたいな、コンスタントな仕事で余裕をもったら最後だ。僕はいつもヨロヨロして生きていきたい……」

この考え方に立つと、色川武大も阿佐田哲也も、いささか書きすぎているきらいがあった。五十年の年齢を越えていたが、子供を持たない色川の精神構造は自らが語るように「十代の頃から育っていない」未熟さがあった。軍人という厳密な階級社会に、前半生を生きた父親も、習い性となって、上から下への命令によって、世の中はすべてが動くものと確信し、戦後も生きつづけてきていた。

色川は、この父親にいたわりの念と、厳しい作家の眼を当て、その父親の姿に自らの明日を思い描くべく、ライフ・ワークの構想を練りはじめ『黒い布』の続編ともいうべき『百』を書き、この短篇で昭和五十六（一九八一）年に川端康成文学賞を受賞した。

『麻雀放浪記』は昭和五十九年十月、監督・和田誠によって映画化され大当たりをとり、さらに、同六十二年「海燕」に連載した『狂人日記』によって、平成元年読売文学賞を受賞したが、転居癖が高じて、岩手県一関市へ移って心臓発作で倒れ、緊急入院先の宮城県立瀬峰病院で心臓破裂により急逝した。享年六十歳だった。

色川武大こと阿佐田哲也は急逝した後、マスコミに恰好の話題のターゲットにされた。自身が自分のドロップアウトぶりを好んで書いていたから、無頼人間のように見られていたが、私が見るところ、彼の実人生は多分に虚構であったと思う。非常に感性的な人間で、作家になるまでの曖昧な経歴を隠蔽するあまりに、鉄火場人生にフィクション化していたのは間違いない事実だ。

『麻雀放浪記』を「週刊大衆」に連載中は週に一回、三晃印刷の校正室で顔を合わせていたが、彼は毎回原稿が遅れるのに恐縮の態で、私の顔を見ると、

「シオさん、これが終わったら豆腐のうまい店がありますから、食べに行きましょう」

と口にしながら一度たりと実践しなかった。虚構の人は、編集者の私に阿佐田哲也の実態を暴かれるのを何故か畏れているようだった。

好色作家　川上宗薫

川上宗薫（左）と著者。

川上宗薫は、五回も芥川賞候補になりながら、その都度、落選しつづけた。

新進気鋭の純文学作家として期待されたその彼が、読物雑誌や官能週刊誌を舞台に、月間一〇〇〇枚のポルノ小説作家になるのは、根からの女好きだったからだ。私が十年にも及ぶ編集長を担当した週刊誌は、格好の川上宗薫の活躍の舞台で、間断なく彼の小説を掲載していた。

たぐい稀な才能に恵まれた川上は、傷つくことを知らない幼児のような体質の持ち主だった。

類を見ない特殊才能

ある人物の社会的地位や実力の程度を、正確に測定することは難しい。主観的なスケールはあっても、客観的なそれがないからだ。しかし、人気があり有名人であるかどうかは、かつては、実に簡単に判定できた。

いまはネットやテレビという媒体が巾をきかせているが、当時は彼、あるいは彼女について書かれたマスコミの記事の切り抜きの重さを測ればよいとされている。アメリカでアール・ブラックウェルとクリーブランド・アモリによって編集された厖大な『有名人名簿《セレブリティ・レジスター》』は、まさにこの方法で選択されていた。

この伝に従えば、作家の川上宗薫は、一時的な昭和文壇の超有名人であり、流行作家だった。人が認めなくても、川上自身に『流行作家』というタイトルの私小説があるほどで、昭和四十一、二年頃から、超売れっ子の〝流行作家〟であることを自認していた。

川上の流行作家ぶりは、原稿の執筆量に如実にあらわれていた。〝失神作家〟のレッテルを貼られた四十二年から、オイルショックの四十八年まで、「月に千枚は書きつづけた」(川上談)と語るほどの超多忙ぶりだった。

その後、土、日、月曜は休筆する週休三日制を厳守して六百枚生活に入ったが、その枚数にして一日、三十枚をこなさないことには達成できない量で、その日々は八時半頃に起き、すぐに五、六枚から八枚程度を自分の手で書き、十時半頃速記者が来て口述筆記に変え、エンターテインメントものを、一時間余で三十三枚もこなす狂乱生活に入っていた。川上は当時、「文藝春秋」（昭和55・4号）で次の通りに書いている。

「一時間半で三十三枚書く。これは、必ず三十三枚書く。毎日、たとえ〆切が何日であろうと、関係なく三十三枚書くね。だから、全然、〆切に追われて徹夜することなんてないよ。それで十二時半になるとパッと終わる。」

徹夜はもちろん、ホテルにカンヅメになったことも皆無で「文学賞とカンヅメに無縁であるのが僕の自慢のタネ」と、冗談めかして言ってのける筆の早さと量を誇っていたのである。

「昔はカンヅメになるという小説家をみると売れっ子で、うらやましかった。電話をしたとき『カンヅメになっている』といわれると、それだけで、引きさがったものだ。」

川上は編集者に拉致されて、ホテルにこもりきって執筆する作家に、羨望を抱いていた。一般に、巷の人々が描く作家の姿は、原稿用紙を前に呻吟し、深刻、苦悶の表情で構想を練る崇高（？）なそれであった。文芸誌のグラビアを飾る作家の横顔は、万巻の書物を背に、ひどく深刻ぶった相貌のかまえが多かった。だが、同じ作家でありながら、川上にはその構想を練る意味が、理解できなかった。

「作家が着物を着て、家の近くを歩きながら苦渋にみちた顔で構想を練っている写真をみたり、執筆に苦しみ夜も眠られず、食事も喉を通らないなどという話を聞くが、そのいずれの苦しみも、僕は持ち合わせていない」からだった。川上は、ほんのちょっとした閃きがあれば、執筆に取りかかることができた。とくに、書きたいと思う作品には、「ますます構想などはなく」小説の導入部とエンディングが浮かんでくれば、それでコト足りたのである。

資料をあさるような入念な準備や、メモをとることはほとんどなかった。原稿用紙の片隅に、自分だけが読めるのたくった字で、思いつきを書いておくだけで、短篇や中篇は軽々と書き上げることができた。そのメモもたった一行「間違って、女が入ってきた」といった類のものだった。

才能といえばそれまでだが、川上のこの執筆ぶりは、彫琢《ちょうたく》した作品をつづる遅筆の作家には想像を絶したワザといえた。川上と親しい吉行淳之介は、「そういう才能の在り具合が、小生には実感としてわからなくて、電話で執拗にたずねた」ことがあったと言う。

川上は、吉行のその問いに、将棋や碁のプロの例を出して説明していた。

彼らは、いま打った一局を、最初から一手の謬りもなく再現してみせられるが、川上の頭も男女関係の情景についてはそうなっていて、「その姿態をスライドみたいに頭の中に出してきて、綿密になでまわしつつ眺めて口述する、と喋り言葉がそのまま文章になる」仕組みだった。

吉行は、そういう特殊な頭脳構造をもった作家の川上を、ある面の天才と畏敬していた。

親友の菊村到は、川上をコト書くことにかけては、〝特異児童〟と評したことがあった。常識的な面では欠けているが、書くこと——それも男女の性的情景を書くことにかけては、蚕が糸を吐き出すように、わけもなくスラスラと筆が走る特異人間という意味であった。

川上は、同業の作家も瞠目するこの特殊才能で、昭和三十年代後半から超売れっ子作家になり、そのほとんどの作品を、男女の性の絡みに焦点を絞って連綿と書きつづけ、人気を不動のものとしたのである。

ところが、地味な純文学の同人雑誌畑から一躍大変身して、女との性的交渉のディテールを巧緻な手法で描く特異な彼を、十把一からげにしてポルノ小説の範疇に投げ込む向きもあった。

量産を強いられ、早書きで手軽に仕上げられる川上の作品は、類型化されたエロチシズムにみち、創作に最も不可欠な要素とされる新しいジャンルの創出の意欲に欠けていたからである。

川上は、こうしたエンターテインメントものを量産する一方で、年に二、三作は、すぐれた純文学作品も書いていた。『魔性』とか『十三夜』『流行作家』『夜の残り』などが、当時の一連の純文学ものだった。

元来、彼は純文学志向が強かった。文壇への登竜門とされる芥川賞候補に、五回もなっていることからでもそれはわかる。

『その掟』（昭和二十九年・上半期）
『初心』（昭和二十九年・下半期）
『或る目ざめ』（昭和三十年・上半期）
『シルエット』（昭和三十四年・下半期）
『憂鬱な獣』（昭和三十五年・上半期）

というのが、川上宗薫の芥川賞候補作品だった。

川上にとって第一回の候補となる『その掟』選考の折、「これと『村のエトランジェ』（小沼丹）、『遠来の客たち』（曽野綾子）、の三つの中から……」と考え、強く推してくれたのが、後年、ポルノ小説に最もはげしい批判を加える石川達三だった。

石川は、川上宗薫の作品を次のように評価していた。

「作家としての力倆からいけば『その掟』が第一だ。しかしこういう感覚的な描写が案外委員に支持されていないということを知ったのは、私にとって一つの勉強になった。だが、この作家は必ず伸びる。作者が落選に失望しないことを望む。」

道学者タイプの石川達三と、作品の上では対極的立場にあった北原武夫からは、「三田文学」誌上で、『その掟』と前後して発表した『儀式』を激賞され、川上は「そのときの感激を私は一生憶えているにちがいない」と語るほどの心境にさせた。

心が傷つくことを知らぬ人

川上宗薫が〝ほんとうの仕事〟と自負する作品は、自分の身辺に題材をとった私小説であった。そのモチーフは、女高生から人妻、芸者、ホステスと、つぎつぎと女を変え、性交渉を重ねる〝流行作家〟の、書くのも恥ずかしい事柄を書きつづける〝業〟のような姿であった。

その作品は、「よくまあ、こんな自分の恥をさらすようなことまで書けるもんだ、と私なんか、ヘキエキするくらいのことを書いてしまう」と、親友の菊村到をも驚嘆させるようなタグイのものだった。小説の上のデフォルメはあるとはいえ、読めば誰ぞと見当の付く女性とのセックス場面で、相手の性器の構造、自らのペニスについて、臆面もなく微に入り細をうがって、書きつづけていたのである。

「女の体の中心の眺めはまちまちだ。茂みにももちろん濃淡が多少あるし、毛質自体のちがいもある。百合は決して薄い方ではない。そして、色白の肌の割には縁が薄黒い。フリルのようなものもついている。そういう意味では沼田の最も好きな眺めとはいえない。しかし、その薄黒い部分から桃色に移り替るあたりがエロチックである。桃色と薄黒い部分との境界線ははっきりしているのだが、ちょうど着色した感じで、粘膜といった感じではなく始まっている。沼田は百合の体に接して二、三回目の頃、懐中電灯で密かに照らして見たことがあったが、その時、その行為がバレて、上体を起こした百合から、

『人間見たぞ』

といわれたことがある。（中略）

しかし、沼田は百合のそれを眺めるのが好きだ。自分のそれを百合の口にふくませ、彼の方はそこを上から覗きこみながら、舌や唇を使う。すぐに桃色が始まっていない薄黒い処や、裏の部分まで続いている茂みの縁取り眺め、そして、押し開いてやっと現われる桃色が、彼女の官能の資質と結びついているように思われる。」（『夜の残り』）

川上宗薫の性器にふれた大胆な描写は、あろうことか自分の心の中にまで及び、おのれの醜悪な部分、恥部までを、仮借なく暴きたてて見せるのだった。

その一方で「沼田は、自分に関しては、なるべく正直に書く作家だ。しかし、正直さにあまりにつき過ぎていると、それは身勝手な作品になってしまう。つまり〈どうだ、おれは正直だろう〉と、世に宣伝するいやみな作品になるおそれがある。だから、ものごとは、ある場合には書かないことによって、それが作家をより正直にしていることもある」という、歯どめも忘れないしたたかな計算ももっていた。

流行作家を自認する〝ほんとうの仕事〟は、しかし、一部で好評を得ても、文壇の主流からは常識に欠ける営為に見られ不当に近い扱いも受けた。

朝日新聞の百目鬼恭三郎は、

「この人はどこか人間性に欠落している部分があるのではないかと思えてくるのだが、こうした私小説にぶつかると、よけいそう思わざるを得なくなる。十年前、水上勉は、小説『好色』の中で、明らかに川上とおぼしき作家に向かって、『きみは、やはり人間を描いていない』といっている。

この批評は、そっくり今日の川上にもあてはまるのではなかろうか。」

と、水上勉との諍《いさか》いにふれて、十年前と変わらぬ低い評価しか与えなかった。

川上宗薫の才能をいち早く認め、川上をして「一生憶えている感激」を与えた北原武夫も、それが最後となった手紙の中で、愛弟子の創作態度に厳しい苦言を呈していた。川上が病床にあった北原へ送った作品とは「自分ではいくらか自信を持っていた三百枚近い『流行作家』という題の作品」だった。

便箋七枚の長さで、かなり乱れた文字で書かれたその手紙は、作中人物・南原喬の名をかりて、次のように引用されていた。

「……今度のあの作品は期待して読んだのだが書き出しの数行を読んで早くも僕はガッカリしました。読みつゞけるのは随分辛かったが全部読了してみて、やはりこの最初の予感が正しかったのを知りました。

多分あの小説の大部分は君の得意の口述筆記ではないかと思ふのだが、沼田君、あの小説には小説の文章といふものは一行もないよ。第一、文章といふものではない。まして文体というふうなものは一行もない。ただ口から出ただけの文句を活字にしただけのものです。

小説のよさは（たとへ中間小説でも）文体で定まるもので文学の美しさといふのは、とりも直さず文体の美しさです。そして文学作品の価値といふのはその作品の『一行の文体の美しさ』にあるのであって読者はそれに惹かれてそれをよく憶えてゐて、あとになって同じ作品を何度も読み返すのです。

それを措いては文学といふものはありません。どんな低俗な話を書いてゐてもそれは文学の内容ではなく、文学の内容といふのは文体そのものなのです。その文体があの作品には徹底的に欠けてゐます。」

南原喬こと、北原武夫の手紙は、彼の文学観を明確に述べた上で『流行作家』の中に赤裸々に引用され、真摯に作家としての生き方にもふれていた。そして、普通の作家ならとてもそこまではアケスケに書けないことを、まったく素直に、「その点は白痴ではないかと思われるほど」率直に書いている弟子の創作態度にふれて、引き合いに出していた。

「その君の書いた大部分のことは書かなくてもいゝことです。人によっては面白がるかも知れないがそんなことは書くに値しないばかりか、書いたところで何もならないことです。つまり、糞をする時どうやってするとか小便をする時どういふ癖があるとかいふやうなことで一人前の大人だったらさういふことは日常茶飯事の中で消してって雲散霧消するやうなことで、またさうしなければならない人生の些事です。」

北原は、愛弟子への辛辣な苦言の中にも、人の気づかない細かい点によく気がつく川上宗薫の人柄「さういふ感覚的なところが純文学を書いてゐる時も君の作品の美点になってゐました」と認めた上で、師としていつかは川上に言っておきたいと念じていたことを、率直に語っていた。

北原の死はほどなくやって来るが、それだけに余命いくばくもない、死期を悟った者の一途さが、行間に漂っている感じであった。

「……君といふ人は生まれながらに小児体質、もしくは幼児体質の人だといふことです。誤解されないやうに急いで言って置きますがこれは君をバカにしてさう言ってゐるのではありません。また何かが生まれながらに欠如してゐると言ってゐるのではありません。先天的にさういふ体質の生れではないかと言ってゐるのです。

以前君が純文学の原稿を書いて来た時僕は盛んに君に言ひましたね。君は心が傷つくことを知らない人だと、もっと心が傷つくやうに真剣に人に惚れろと。だが、あれは僕の間違いでした。もしくは僕の早呑みこみでした。実はさうではなくて君は生まれながらに絶対に傷つくことのできない人なのです。

失恋や何かしてちょっとは傷ついても、その傷は永くは君の中に止まらず、すぐさまそれが癒えてしまふ人なのです。だから幼児体質だといふのです。（その点、さういふものを必至の心の糧とする純文学といふのは元来君にとっては不向きで今のやうな仕事の方がずっと君には向いてゐます。さういふ意味では現在の君はこの上ない適当な場所にゐると言へませう。）」（『夜の残り』）

川上には、自らに対するこの種の言葉の厳しい意味が痛いほどにわかった。

川上は、それらの言葉に反論して「……私にいわせれば、欠落の意識があるからこそものを書くようになったのだし、いわゆるポルノ小説を書いたり、この人（注・百目鬼恭三郎）がいうように『純文学作家としてポシャった』りしても、自分の欠落度が少しはなくなったかもしれないと世間にそして自分に問う気持もあって、あまり好きな言葉ではないが、『私小説』を書いているのである」と、中間小説誌上のエッセイで語っていた。「傷つくことを知らない……幼児体質」とまで師に言われ、当人は、心の奥で深く傷ついてたのである。

私はこの川上宗薫とほぼ十年間、公私を超えて交流していた時代があった。週刊誌の編集長時代で、間断なく彼の小説を連載していたからである。

週刊誌に初めて彼の連載小説を登場させたのが「週刊大衆」だったことからの因縁だった。彼は毎週、次の回の構想を日曜日の夜に電話で私の自宅に知らせて来たが、電話で述べる話は、人妻だの女高生との不倫を描く何の趣向もないものだった。

一例をとれば、「犬の散歩の途次見染めた人妻の家の前で犬に糞をさせ、詫びることで機会を作り、不倫関係に持ち込む」といったたわいないタグイのストーリーだった。

ところが、いざ小説になると、性の交わりを入念に描いた趣向にあふれる作品になっていた。

水上勉との喧嘩

川上宗薫の文壇へのデビューは、昭和二十八年、庄司総一主宰の「新表現」同人となり、『残照』『儀式』『その掟』を、同誌上に発表したときであった。

『その掟』は、昭和二十九年（上半期）の芥川賞候補作になって、文壇に知られるようになったが、この回の芥川賞は、吉行淳之介の『驟雨』に決まった。選考委員の一人、石川達三は、曽野綾子と川上宗薫を最も高く評価し、吉行の受賞には消極的だった。「この当選作については世評は芳しくあるまいと想像する」と選後評しているところからも、それは想像できた。他の委員も石川と似たりよったりで、宇野浩二は「これまでの努力と勉強に対して」と言い、川端康成は「作品よりも作家」と、変な配慮ぶりを見せていた。川上と吉行の間には、芥川賞が機縁となって奇妙な感情が芽生えていった。その感情の基盤には「作家としての一脈通じ合う部分とか、いろいろ世に出るについて世話になったということがあるが、やはり、もっと大きいのは小森（吉行）という人物への傾倒である」と、『夜の残り』で、川上は記している。

川上の吉行への思い入れには、同性愛的な感情の片思いに近いものがあった。川上が千葉県の家を飛び出し、中野新橋の枕芸者と同棲生活をはじめたのも、元はと言えば吉行への傾倒があったような気がする……と、川上は『夜の残り』で書いていて、その理由を、「なぜなら、小森は、沼田（川上）以前に八千代と遊んでいて、その八千代の名を沼田は小森から聞いて、遊ぶ気になったからである。だから八千代の体を抱いている時の沼田は、純粋に沼田自身ではなかったし、相手の女も純粋に八千代自身というわけではなく、度が合わない眼鏡をかけているようなものだった。八千代をものにすることによって、小森を求めるような気持があったことは確かである。小森の眼にとまった女ということで、無条件に、だらしなくなって碌に検《しら》べもせずに、荷物を通す税関の男のようなものだったのかもしれない。」

と、屈折した心情を述べていた。

度重なる芥川賞候補作によって、川上は生涯を通じてのすぐれた文学上の友人とめぐり会うが、菊村到、佐藤愛子との交遊は、昭和三十年初期からはじまっていた。

佐藤愛子に川上を紹介したのは、評論家の日沼倫太郎だった。佐藤は書いている。

「そのとき、私たちは既に『川上宗薫』という名前を知っていた。その三年か四年前に彼は『群像』に『傾斜面』という佳作を発表したりしていて、我々無名の文学青年に較べて、既に文壇に登場している新進作家だったのだ。……自分の作品が文芸誌に掲載されることだけを夢見ていた我々は、一度でも商業誌にその名を載せた人には仰ぎ見るような気分で対したものである。

その日、私は緊張して同人会の会場である東中野のモナミへ行った。そうしてやや固くさえなって川上宗薫を迎えた。

ところがである。宗薫が席について五分と経たぬうちに私は、

『ハテ？』

と思い、

『これは？』

と思い、数分後には、

『何たることか！』

と呆れた。その時、宗薫が話したことは、まず自分は弱虫であるから大きな犬を飼いたい、大きな犬を連れて歩くと、人々は驚き怖れるであろう。それによって自分は威張って歩ける。ああ、大きな強い犬が飼いたい！　ということであった。」

佐藤愛子は、しかし作家というものは、知識教養をひけらかさず、わざとこういうふざけたことをいうのかもしれない、と善意に解釈をし、川上をむしろ尊敬のまなざしで見ていたという。

「あのころの川上さんは、あふれるばかりの才能だけが先行しちゃって、ああ、才能があるが世に出られない作家がここにいるなあとみていたんですが……」

その才能あふれて世に出られない作家川上宗薫が、佐藤愛子やその夫だった田畑麦彦、北杜夫、なだいなだ等の同人に先んじて、河出書房から上梓したのが、『或る目ざめ』だった。新書判の二百頁そこそこの短篇集で、その本には『夏の末』『怒りの顛末』『傾斜面』『或

る目ざめ』『企み』の五本が収められていた。

その「あとがき」で、川上は「書くことによって、これまで、僕は僕なりに僕の中に見つけてきたし、これからも見つけてゆくことだろう」と語ったあとで、「僕は、いつも、一つの作品を書き了ると、次の作品は永久に書けないかもしれない、という不安におそわれる。だが、今まではまだそういうことはない。力は力を呼び必要は必要を呼び、その新たな力、新たな必要が次の作品を書かせてくれるらしい」と、月産数百枚の今日からは想像に遠い、書くうえでの心もとなさをつづっていた。

川上宗薫が、三十数種の職業を転々として、勃興期にさしかかった水上勉と、ささいなことから仲たがいをしたのは、この後だった。正直で律儀ではあるが、常識に欠ける面の強い川上は、水上との喧嘩のいきさつを、『作家の喧嘩』という作品にまとめ、「新潮」(昭36・6)に発表してしまったのである。

山本健吉は、『文芸時評』で、川上の作品に痛烈な批判をし、「ここには一かけらも『文学』はない」と裁断した上で、

「川上は作中で、村越(水上)は大衆作家で、自分は純文学作家だというレッテルで、わずかになぐさめていると書いているが、実際は逆である。水上の推理小説が、数倍も高級な『文学』なのである」と、斬り捨てていた。

文芸評論家の奥野健男は、「これでもう川上もだめだ」と語ったという。

『作家の喧嘩』が、作者に与えたマイナスの衝撃は、計り知れなかった。作品そのものが「一かけらの文学」もないと抹殺に近い扱いを受けたばかりか、作中人物・村越の怒りに燃えた報復が待っていたのだ。

『雁の寺』で直木賞を受賞して、一躍、流行作家に躍り出た水上勉は、長い雌伏時代の屈折した鬱憤を爆発させるように、話題作を次々と世に問うていった。水上の眩いばかりの活躍に対して、川上宗薫の名は文芸雑誌から消えてしまった。そればかりか、水上勉のあきらかに川上をモデルにしたとわかる小説『好色』が発表され、手痛い追い打ちを受けた。『好色』は水上の作品としては、失敗作に近い評価の低い小説だったが、作品に描かれた定時制高校教師・鬼頭宗市の性的倫理の欠落した姿は、巧みにデフォルメされて無慙に描かれていた。そして、鬼頭の好色な生き方に対し「いったい、あの男は、性行為そのものだけが好きなのだろうか。行為にまつわる生活の背景を通して、女が見せてくれる襞のかげり、色彩、匂い、物言いのニュアンスに、女の悲しみと喜びが出ているのではないか。それをあの男はどうしても感じとろうとしない。」

とまで指弾されていたのである。

いまや飛ぶ鳥を落とす勢いの水上勉にこのように指弾され、文壇からも抹殺同然の扱いを受けた川上は、それ以来、昭和四十年にかけて、『突然の日』などわずか二篇の短編小説を発表しただけで、文芸誌の目次からは姿を消してしまった。

川上は当時、勤め先の定時制高校を退職していて、同人仲間の梶野豊三と共同で、本郷菊坂の暁山荘を仕事部屋にし、柏の自宅から一日おきに上京して、ここで原稿を書いていた。小説一本にうち込む覚悟を決めた矢先の『作家の喧嘩』事件だったわけだ。

「沼田は、急に売れっ子になっていった谷川との関係を小説に書いて、そのために谷川の怒りを買い、沼田は、方々で叩かれる始末になり、そのために生活の危機を覚えていた時期である。」

『夜の残り』には、その部分にふれてこの程度しか書かれていないが、奥野健男が言うように、川上宗薫は作家生命を失った……とまで周囲に見られていたのだ。しかし、類いまれな幼児性と、師の北原武夫の言う「傷つくということを知らない」川上は、教師時代からアルバイト的に書きつづけていたジュニア小説に、活路を図った。

ジュニア小説に活路

この分野は、高校教師の体験が下敷きとなって、川上には書きやすい安易な世界だった。

「糞《クソ》をするようなもんでネ、机に向かえばいくらでも書けるよ」

スカトロジー志向があって、この種の言葉を気軽に口にする川上は、学園小説の類等は、排泄作用的な、身すぎの法と考えていたのだろう。私にそう話してくれている。

川上が、この分野を安住の地として甘んじていたら、彼はその生涯に数百冊の学園もの、ジュニア小説をものにしていたのは確かだった。才能ある川上宗薫に、少年少女向きの小説畑は、惰性のままに生きられる安逸な世界だったのだ。しかし、芥川賞候補に五回も上るというすぐれた資質と、純文学志向の強い作家にとって、ジュニア小説の執筆は、充たされない重い澱のようなものを、心に凝結させる仕事であった。

この時期に、川上の才能を惜しんで、おとなものの小説の舞台を紹介したのが、菊村到と吉行淳之介であった。菊村は新聞社の小説担当や、週刊誌、中間小説雑誌の編集者を招いて、川上に引き合わせる労をとった。川上を私に紹介したのもむろん菊村だった。あふれる文学的才能に較べて、処世術が下手な川上だったが、この時は再起をかけた意気ごみに燃えて、私たちと精力的に交際するのを厭わなかった。

川上が身ゼニをきって飲める飲み屋は、その頃、本郷に借りたアパートから歩いて行ける白山下の「天馬」という小料理屋とか、銀座では「眉」など、ほんの三、四軒にしかすぎなかった。「眉」は銀座八丁目にあって、マスコミ界には知られた店だったが、ママの配慮で、作家や若い編集者には格安の値段となっていた。

その「眉」へ、川上は菊村到と〝おみきどっくり〟で出かけていたが、編集者を招いて身ゼニをきる日には、店へ足を踏み入れたとたん「学割り、学割り」と叫んで、ホステスを笑わせていた。飲み代を学生割引きなみに安くせよ、という意味であった。

私はこの頃、川上、菊村と連れだって「眉」へ出かけたものだが、川上はその都度「学割り、学割り」を連発していた。

川上のこの種の幼児性とパロディ精神は、流行作家になっても、変わるところがなかった。唯一の娯楽ともいえるピンポン野球も、幼児性とパロディ精神ぬきでは考えられない〝あそび〟であった。いや、年とともにますます磨きをかけ、お道化《どけ》た言動を増幅させながら、その反応を作家の冷厳な眼で見つめていた。

ところで、まだ檜舞台もなく、作品の傾向も知名度も、ほとんど知られていない川上は、紹介されるどのような雑誌、新聞の執筆依頼にも気軽に応じ「糞をするような」調子で、類型化されたエロチシズムにあふれた小説を書きまくっていた。女を描いて定評がある北原武夫が絶賛するだけあって、川上の筆力はたしかであった。

〝失神作家〟誕生

川上宗薫がエロチシズムの需要たかまるマスコミ界へ、華々しくカムバックしたのは昭和四十一年だった。菊村や吉行の推輓によるところも大きかったが、注文にはまった宗薫の筆力は、その種の読み物を求めるマスコミ界の期待に答えるのに充分だった。

まず、「アサヒ芸能」のエピゴーネン的編集で伸び悩んでいた「週刊大衆」が、四十一年三月から連載小説『夜行性人間』を掲載しはじめた。お色気で話題の「内外タイムス」「東京スポーツ」などの夕刊紙も、異能作家に書く舞台を提供する。
「『内外タイムス』のあとの『東京スポーツ』を、日々、駅売りで買って読んでくれていたのが、その頃、講談社の専務だった星野哲次氏である。私が、講談社の雑誌と、種々深く関わりあうようになったのも、そういうことからであったし、あるいは、その頃、三木編集長のもとで副編集長の存在であった大村彦次郎氏に見つけ出された形になったのも、元を質せば、星野哲次氏にゆきつくかもしれない。」（『告白的女性遍歴』）
講談社の星野哲次が、楽しんで読んでいた新聞小説とは『肌色あつめ』だった。川上は「内外タイムス」に連載した『色名帖』と、『肌色あつめ』によって、女体構造の精緻な描写と、一回ごとにセックス場面をサービスし、たちまち話題の作家となってしまったのである。そして、講談社の中間小説雑誌「小説時代」のレギュラー・メンバーに登録される。本来なら、純文学雑誌「群像」に登場しておかしくない作家が、「小説時代」の主要メンバーになったところが、川上のその後の活躍をシンボライズしていた。
時を同じくして、川上宗薫には〝失神作家〟のレッテルが貼られた……。オルガズムにのぼりつめた女性が、間歇的にケイレンしながら気を喪う。そのさまを〝失神〟の言葉で表現したのだが、作家の田中小実昌は、すかさず「オール讀物」（昭42・7）のコラムで、「近頃の小説にでてくる女性はベッドのなかで、やたらに失神する。だから、セックスすればかならず失神するものだとオンナどもはおもいこみ〝あら、わたし、まだ死なないわ〟

などと下からイチャモンをつける。」

と揶揄したのである。

目敏く「週刊文春」が、この言葉に飛びつき「中間小説は失神の天下？」という記事を掲載して、失神なる言葉を喧伝したところから、失神派イコール川上宗薫の図式が成り立ってしまったのである。

川上の名は梶山季之とともに、以後、エロチシズム小説でマスコミ界の人気を二分にすることになる。

川上はその人気の高まりに比例して、際限なく飛び込む注文に端から応じて、猛烈に書きまくった。どんな注文でも断らない理由は、千葉県柏市の本妻のところから家出、中野新橋の芸者と同棲し、二つの生活を維持しなければならなかったからだった。

「私は、月に柏（妻子のところ）に二十万送らなくてはならなかった。そして、それと同額のものを、波子と波子の母親のためにも、毎月、つくらなくてはならなかった。だから預金通帳は、せいぜい多くて二十万円くらいで在り、少ない時には、三万円や二万円だったりした。

そういう月日が半年ほど続いた。私は、注文原稿はいっさい断らなかった」

（『告白的女性遍歴』）

私生活上の出費に加えて、昭和四十二年から三年にかけて、小学館から「小説セブン」、学習研究社から「小説エース」、光文社で「小説宝石」と中間小説をターゲットにする新しい小説雑誌が、続々と創刊されはじめた。従来からの「小説新潮」「オール読物」「小説時代」に加え、さらに各誌の別冊、創刊三誌の闖入は、川上や梶山季之、宇能鴻一郎、富島健夫といった筆の早い、ポルノチックを得意とする作家を、ウケに入らした。

川上はこの厖大な作品の量産をするため、日中は原稿書きに追われていたが、夜は小説のネタさがしに銀座へ出没して、ホステスと性体験を重ねていた。その一方で、本妻との離婚問題、愛人に六本木でステーキ・ハウスをもたせる……といった心身ともに疲労困憊の末、四十四年下旬、急性肝炎で虎ノ門病院へ入院する羽目に陥ってしまった。

六本木に店をもたせた愛人は、中野新橋の枕芸者上がりであった。川上は、この愛人の川上との子供を産みたいという強固な望みを、愛情と錯覚して、その十年前に行ったパイプカットの復元手術をこころみたのである。

この復元手術の医師を紹介したのが私だった。川上は当時エッセイを連載していた「サンケイ新聞」に、実名で私の名を書き私が執刀医のところへ案内した件まで詳細に描いて、困惑させた。師と仰ぐ北原武夫に「生まれながらにして小児体質」と言わせる人物だけに、世間の思惑などに配慮するところがなかったのだ。

小説的なあまりに小説的な、この愛人との経緯は、『赤い夜』に詳しいが、『夜の残り』にもこの関係にふれて、次のように書いている。

「……その強硬な提案には裏があったのだ。

八千代は、沼田には内緒の行為によって妊娠していた。沼田が復元手術に成功すれば、その妊娠と出産とが、ちょうどうまい工合に理由づけられるわけである。

けれども、沼田の復元手術はうまくいかなかった。確かに精子はいるにはいるのだが、勢いがなく、数がとても少ない。女を妊娠させることは不可能である、ということだった。沼田はホルモン注射をしてもらいに虎ノ門診療所に通ったが、結果は同じことだった。八千代は、結局、もらい子をする、と沼田にいった。

彼女の腹は、いくらか大き目になっていたが、そのことについて、八千代は、水が溜まっているというふうに、沼田に説明した。

沼田は、彼女が妊娠しているなどとは、夢にも思わなかった。水を抜くために入院するという時も、沼田は、疑わなかったのだがその時、八千代は出産したのだ。

そういうことは、あとになって、みなわかった。彼女がもらい子をしたというその子供が、つまり八千代が生んだ子なのである。」

かなりのフィクションがあるとはいえ、川上とその芸者の間には、愛の基本を裏切る行為があったことは事実であった。川上をめぐる数々の女性関係には、たしかに人間の本質に欠けるなにかがあった。川上は常識人が考えたら、書くのも恥ずかしいような経緯を〝ほんとうの仕事〟と自認して、私小説にまとめるのだった。

なぜ、そういったものを川上宗薫は書きつづけるのかというと、「それは、彼の中の本能のなせる業である。そして、その本能とは、彼の中に棲む神の命令でもある」と、作品上で開き直って答えていた。

川上は臆面もなく「私の楽しみのベスト4は、アルコール、女、ピンポン野球、そして闘犬である」と言い「どれを取っても公明正大な点において、世間に通用するものではない処が呆れ果てるようで、それ故自分でもおもしろいし、半ば得意でもある」と語っていた。

私との間ではアルコールと犬を通じて親交を持っていたが、川上は獰猛な犬をけしかけて相手の犬に勝つことを楽しむ闘犬であって、私の愛犬趣味とは基から異なっていた。

しかし、彼は千葉の本妻の家を出て、渋谷の神宮前のアパートで同棲していた愛人と別れるとき、そのベランダで飼っていた「烈」と名づけたグレートデンを、私にもらってくれと、夜半に電話で言ってきた。

グレートデンは、体重は五、六〇キロにもなる大型の洋犬で、広大な庭を持つ愛犬家が飼う犬であった。私のような猫の額程度の小庭と陋屋の持ち主には飼える犬ではない。

それに、三歳と一歳の女の児を抱えていて、週刊誌の長という多忙の身では、散歩もままならないので断った。

すると、また一年ほど後に別の愛人と別れることになり、前のグレートデンと同じ「烈」と名づけた猛犬が邪魔になるのでもらってくれないか、との電話が深夜にあった。

川上はその時「飯代は五、六万円程度かかるが、飼えば可愛いものですよ」とこともなげに言った。月に千枚近くの小説を書き数百万円を稼ぐ好色作家にとって、五、六万円の犬の餌代はなんでもないことだろうが、三、四十万円の給料の編集者にとっては大変な負担であった。

私はこの時も猛犬の引き取りを断ったが、作家の近藤啓太郎にこの件を話すと、

「塩澤さん、グレートデンなど、大邸宅か城館の持ち主が飼う犬ですよ。そんな大型犬より、私のところに血統付きの紀州犬がいますから、今度産まれたらあげましょう」

と約束してくれた。

数カ月後、「白虎《びゃっこ》」と名付けられた紀州犬を贈られ飼うことになった。

猪狩りに使うという中型犬は、飼主に忠実な寡黙な犬だったが、血統を重んじるあまりに、近親交配が盛んで、そのためか内蔵に欠陥があり、早死してしまった。

おのれを見すえる冷静な眼

川上が代表作と自認する『流行作家』は、趣味と実益を兼ねたエロチシズム小説で荒稼ぎをする中年作家の私行を暴いたフィクションの一作だった。

「市川先生じゃございませんか」

そこは、ホテルの中にあるカクテルラウンジである。

ちょうど市川は、編集者を待っている処だった。どうしても、市川は、約束の時間より

も早目にきてしまう。それは、彼が、締め切り日よりもずっと早く原稿を書いて渡す性癖と、どこかで繋がっているにちがいない。

大きな波紋をよんだ『流行作家』は、ホテルの場面からはじまっていた。超売れっ子の市川なる中年作家は、典型的なエロチシズム作家として、高い人気と高い収入を得ていた。世間では、男女関係のきわどい描写で稼ぎつづける中年作家に、好意のある見方はしていない。しかし「市川は、自分の仕事は所詮平和の範疇のものだと思って、あるかもしれない害毒については気にしていない」のだった。
「むしろ、彼は小説を害毒を流すものと決めつけて排斥しようとする態度の中に、害毒という言葉も及ばない恐怖を見つけている。それこそファシズムから大量の人殺しへと繋がるものだと考えるからである。」

中年作家の市川は、このように自らの人生観や社会観を述べて、世間に一種の開き直りとも見える態度で接しているのだった。

小説『流行作家』が、このまま中年作家の自分本位の人生観と処世観の関係と、女体遍歴の描写で終わっていたら、川上宗薫がいかほど小説の名手であっても、「いい気なもんだ」程度の反響しかおよばなかっただろう。

それが、銀座で遊んで自宅へ帰ろうとタクシーに乗り込んだ際、運転手から「あんたみたいなやつは嫌いだ」と、途中で降ろされてしまう転回部が用意されていた。流行作家市川は、なにかのひと間違いで、邪険に扱われるのだと一瞬、考えてみる。いまをときめく流行作家市川を、上客と考えないはずはなかろう……という驕慢さが、心をかすめるのだ。しかし、運転手は〝流行作家〟とわかっていて、なおかつ降ろしてしまうストーリーの展開になっていた。

川上宗薫のエンターテインメントものに馴れた読者は、この部分に背負い投げを喰らわされたようなショックを感じたことだろう。川上の小説のファンの中にも、夜な夜な銀座のネオン街を徘徊し、気に入った好みの女性とあれば、二言《ふたこと》めには「やらせろ」だの「やらせてもらえないか」と直接的に口説いている〝流行作家〟への、羨望をこえた反感がないわけでもなかった。まして徹夜勤務で一、二万円の稼ぎのタクシー運転手にとっては、一時間そこそこの口述筆記で、二、三十万円の稿料をとる〝流行作家〟の存在が、許しがたいと思われても、決して不思議ではないと考えられた。

川上の人生観や女性観にも、読む者の心情を逆撫でする主張が強くあった。

「この世の中に女性がいなかったら死んだ方がましである。男と話しているくらいなら、私は、便所の中で本を読んでいた方がましと思うくらい、女好きな男である。」

川上は、臆面もなく率直な表現で、女好きであることを披瀝していたし、原稿料を荒稼ぎして、

「お金が欲しいと思うのも女がいるからであり、自分のために家を建てたいとか、なにかをしたいなどと思うようなことは、私にはない。金のすべては女とのことに使って悔いな

いほどであり、私の労働のエネルギー源となっているのも、女がいるからである。」と、その説を敷衍《ふえん》していたのである。

流行作家・川上宗薫のこのような考え、そして日夜の行動を――その作品を通して知るものは、小説『流行作家』のショッキングな話が「事実としてあった」と理解したのだった。川上の心の中にも、普通の人よりいい金を稼ぎ、いい思いをしていることに、後ろめたい忸怩《じくじ》たる気持ちがあった。

ところが、『流行作家』でタクシーから降ろされるシーンを、フィクションであると、事実性を否定したのだった。

川上宗薫のしたたかな作家魂は、フィクションとして、いかにもありそうなその話を挿入したところにあった。作家は自分を見すえる冷徹なもう一つの眼をもたなければ存在しえない。特に、私小説タイプの作家は、作者が裸になって、おのれの醜悪な部分を剔出する勇気が不可欠だった。川上に、もし、この心構えがなく、エンターテインメントで描きだす主人公程度の人間であったなら、まったくいい気な「どこか人間性の欠落した部分」を抱えた〝エロ作家〟にすぎなかっただろう。

しかし川上は、小説『流行作家』によって、酒と女体遍歴にのみうつつをぬかす〝流行作家〟に、作品の中で手痛いしっぺ返しを喰らわすこころみを用意していたのである。〝作家〟川上宗薫の眼は〝ほんとうの仕事〟という作品の中に、しっかり光っていた。

その部分には、量産を強いられるエロチシズム作品に歪められ、曇らされた翳は見えなかった。

かと言って、人間の本性をベッドの上の情景につかむ川上宗薫の作品は、〝ほんとうの仕事〟であろうと、エンターテインメントのものであろうと、その舞台設定に変わりはなかった。

「……ベッドの上では、人間は赤裸々になるものである。普段には現われないものが現われ、その時に初めてお互いの関心が正しかったかどうかがはっきりするのだ。そして、そういう場合に、お互いがこれまでに身につけた教養とか、そういったものの化けの皮もはがれてくるものである。……

それに、さしあたって生きるといった感じを持つことができるのも、今の現実の中では、ベッドの上が最高なものではないかという気がする。」

ベッドの上に、いつわりのない人間の姿をみるというこの作家は、エロチシズム作家として、飽きることもなく、その種の厖大な量の作品を書きつづけた。当然、老いが川上の感性を鈍化させ、女体への関心に何らかの掣肘《せいちゅう》を加えることも考えられた。

〝谷崎潤一郎は、その老いの混沌の中で、『瘋癲老人日記』を文学作品として書き遺していたが、川上宗薫も、七、八十歳まで生き永らえて、瘋癲老人となった時、作家の〝業〟を爆発させて人生のいまわの際の日記を書き記したいと念じていた。

しかし、〝好色一代〟の自称ポルノ作家は、昭和六十年十月十三日、リンパ腺ガンで六十一歳にして死去する運命にあった。

私は二度ほど見舞いに行ったが、入院当初は私が見舞う寸前に、ふざけて死んだ格好をして笑わせる小児体質をまざまざと見せていた。

死の二日前まで口述でノルマをこなす一方、最後の作品『死にたくない！』と題する並々ならぬ生への執着も筆記させていた。

その一方、病室にまで若い女性を呼び、点滴を受けながら女性探求をこころみたとの伝説も遺しているが、『死にたくない！』には、「ペニスと引きかえても命が欲しい」と、生き永らえるためには、ポルノ作家返上をも厭わない痛切な叫びをあげていたのである。

山田風太郎　忍法筆さばき

山田風太郎（右）と著者。

近現代作家で後世に残るのは、夏目漱石、川端康成などわずかにすぎない。

その一人に、天衣無縫、奇想天外の忍法小説で一時代を画し、明治開花小説で読者を堪能させ、冷徹な眼で『戦中派不戦日記』をつづり、さらに千人に迫る有名人の今はの際『人間臨終図巻』をまとめた山田風太郎が入るだろう。

私は、この天才作家の謦《けい》咳《がい》に親しく接する機会を持った。彼は、編集から出版界の落ち穂拾いに転じた私に「もう失業することはないよ」と励ましてくれた。

作家の眼

私が、出版界に身をおくようになったそもそもは、何回も言うようにジャーナリズム界の郷党の星、岡村二一・熊谷寛両先輩に惹かれ、同じ世界に生きたいと念じた故である。以来七十年少々、わが人生の過半をこの世界で過ごしてきた。

出版界に生きたメリットは大きかった。編集者という職業が名刺一枚で、学識や地位がはるかに高い著名人や、時の人に接触できる利点であった。

ホワイトからブラックに至るまで、多種多様な人物に容易に会えたり、国の内外へ気軽に飛び歩けることなどである。

今太閤と謳われた全盛期の田中角栄。ノーベル賞候補の噂の中にあった井上靖。将棋名人の升田幸三。不羈奔放の忍法作家・山田風太郎。東京駅で濱口雄幸首相を狙撃し、昭和のテロ時代のきっかけをつくった佐郷屋留雄。養老院に老残の巨体を横たえていた第三十四代横綱・男女ノ川など、取り交わした数千枚を超える名刺の束の中には、何冊かの本にまとめられる興味あるエピソードが埋もれていた。

政治家、文化人、芸能人、スポーツマン、反社会的人脈の巨魁など——その職業、生き方によって、それとわかる独特の雰囲気、言動が自ら醸成されていた。虚業家には虚業家なりの浮薄さ、実業人には実業人なりの堅実さが透けて見え、興趣にあふれていた。

その中で一筋縄ではいかないのが、作家だった。韜晦《とうかい》が巧みな、屈折した表現を得意とするこの職業人は、つきあうのに神経は疲れるが、得るものはすこぶる多かった。

武田泰淳の『政治家の文章』の一節に、政治家は他人の心を読む冷徹さはすごいが、自らのことになると「乃公《だいこう》出でずんば……」云々と、自己陶酔のきわみの文章になると書かれていた。

一例として山県有朋の亡き後、陸軍を牛耳った大将宇垣一成の大正十三年一月一日の日記が引用されていた。

光輝ある三千年の歴史を有する帝国の運命盛衰は繋かりて吾一人にある。親愛する七千万の同胞の栄辱興亡は預かりて吾一身にある。余は此の森厳なる責任感と崇高なる真面目とを以て勇往する云々。

〝大日本帝国〟の盛衰を、吾一人で支えていると日記に書くような〝乃公〟は、自らにはからきし甘いというわけで、その徒輩が国を滅ぼす元凶となったことは、歴史が実証している。

一方、作家の眼は他人に対して冷徹であると共に、自らに対しても心の裡にひそむエゴイズムを剔出してやまない非情な凄さをもっていた。

『戦中派不戦日記』

政治家の対極に立つ作家の文章、日記の怖しさを、見事なまでに実証しているのは、私の会った作家では山田風太郎の『戦中派不戦日記』だった。

敗戦の年、昭和二十年の一年間を記したもので、六月二十五日から十月十七日までの四ヵ月弱は、学級ごとに疎開した長野県の飯田で書かれていた。

当時、東京の医専に学んでいた山田誠也（本名）は、六月十四日に登校して、掲示板に「学校は信州飯田に疎開すると公示があり、大いに驚く。二年三年は飯田に、一年は茅野なり」という巡り合わせで、二十五日に飯田線に乗って飯田へ移って来たのである。

桐好館へひとまず旅装をとき、二日後、下宿さがしをして、ようやく知久町の福田なる家の二階を、いっとき借りることになった。翌日は、飯田駅へ到着した貨車一輌に満載された学校関係の荷物を、上郷村の天理教会、三楽、東竹などの元料理屋へ運んだ後、帰途、二本松遊郭をひやかしたと記されている。

当時の遊郭の状況は「写真を見てもみな頗る醜悪なり。格子の奥に煙草をふかす女、あたかも白粉樽にころがる半腐爛の豚のごとし。路地にも肥料のごとき異臭あり」と、その筆致は辛辣をきわめている。

続けて「飯田の町はばかに医者と散髪屋と風呂屋の多き町なり。ただし医者は商売柄、他の二者は東京でさんざん苦しみたればよく目にとまるものなるべし。『混同秘策』なりしか、ここに紙工場だか紙役所だかを設けよとありしように記憶す。堀久太郎秀政の城下になりし由」と、町のたたずまいに触れている。

『不戦日記』にはこのように、当時二十三歳の医学生の心境、町での見聞、景観などがありのままに記録されていて、どの日々も興趣にみちているが、なかでも圧巻は敗戦前後の記録であった。

そこには、敗戦国の命運が実に的確に述べられていたが、七十余年後の今日に読み返しても、その見通しにはほとんど誤りはなく、未来の作家の炯眼に驚嘆するのである。

この件については、双葉社の週刊誌編集長になってご機嫌うかがいにお邪魔をした折、敗戦前後の飯田にふれたところ、鬼才は、

「あの頃は、一晩に一万字でも二万字でも、書けたものですよ。いまは手が痛くて、一行も書けないねぇ」

と、この作家の得意とする対比する極を結んだレトリックで、当時の旺盛な筆力を懐かしんでいた。

二万字という字数は、四百字詰原稿の枚数で換算すると実に五十枚となる。

『戦中派不戦日記』をひもとくと、天皇の玉音放送があった昭和二十年八月十五日は、

「十五日（水）　炎天

・帝国ツイニ敵ニ屈ス」

と、十字足らずを記していた。

ところが、前日の十四日は一万三千字の三十二枚。後の十六日は一万六千三百四十字の四十一枚と、驚愕する分量で、同胞に思いを馳せて、国の前途を思い哀傷にみちた文章を綴っていた。

敗戦必至となった八月十四日の一部を引き写してみると、二十歳をわずかに超えたばかりの医学生が、これだけの先見性にみちた文章を綴っていたことに、ただ、嘆息するのみである。

○国難！　幼き日にきいたこの言葉は、何という壮絶な響を含んでいたろうか。国難！　今呼んで見て、それは何という恐ろしい言葉だろう。

日本は最後の関頭に立っている。まさに滅失の奈落を一歩の背に、暗黒の嵐のさけぶ断崖の上に追いつめられている。

硫黄島を奪い、沖縄を屠ったアメリカ軍は、日夜瞬時の小止《こや》みもなく数千機の飛行機を飛ばし、厖大な艦隊を日本近海に遊弋せしめて、爆撃、銃撃、砲撃をくりかえしている。都市の大半はすでに廃墟と化した。無数の民衆は地方に流竄した。あまつさえこの敵は戦慄すべき原子爆弾を創造して、一瞬の間に広島を全滅させた。

しかも唯一の盟邦ドイツを潰滅させた不死身のごときソビエトは、八月八日ついに日本に対して宣戦を布告したのである。

怪物支那民族を相手に力闘することすでに八年、満身創痍の日本が、なおこの上米英ソを真正面に回し、全世界を敵として戦い得るか？

僕は日本を顧みる。

国民はどうであるか。国民はすでに戦いに倦んだ。一日の大半を腐肉に眼をひからす路傍の犬のごとくに送り、不安の眼を大空に投げ、あとは虚無的な薄笑いを浮かべているばかりである。

政府はどうであるか？　政府はさらに動揺している。（中略）今やソビエトの宣戦を受けながら、それより一週になんなんとする今日、いまだ弱々しく沈黙しているではないか。否、ソビエトの発表によれば、政府は彼に対して対米英戦の仲裁を依頼していたというではないか。（中略）

ソビエトがその依頼を引受けてくれると思考したわが政府の愚劣さは、恥辱にわれわれの顔の赤らむことを忍耐すればまず許そう。

マキャベリズムの権化ともいうべきソビエトに、対英米戦の仲裁を依頼した…という国際感覚の欠陥、皆無ともいうべき日本政府の愚行は、一介の医学生をこれほどの怒りに駆り立てたのである。

生真面目な飯田人

山田風太郎は、この期《ご》に及んで、なお負けない方法があるかを考え、一転、敗北となった国の辿る暗澹たる前途を想像して、次のように日記をつづけていた。

希望的観測をきびしく拒否したその判断は、これが二十三歳の医学生の記述であったとは、ちょっと信じ難い予言にみちていた。


敗北直後の状況こそ悲惨である。

吾らの将軍は戦争犯罪者として断頭台に送られるであろう。数百万の兵士は、敵の復興工事に奴隷として強制就役せしめられるであろう。婦女子は無数に姦せられるであろう。軍備はすでに解除されて、工業はことごとく破壊されるであろう。

勲章も、国債も、あらゆる国家的契約も、憲法も法律もことごとく一片の反古と化し、一個の玩具と変ずるであろう。

南洋、太平洋諸島、ビルマ、マレー、昭南、仏印、支那、台湾、朝鮮、満州、蒙古、樺太はすべて失い、そこから追い返された日本人は、さなきだに人口は過剰の本土に加わり、あたかも盆上の蝗のごとくひしめき合い、恐るべき飢餓地獄に陥るであろう。

昭和二十年八月十四日、山田誠也が日記に記した杞憂は、ことごとくが的中していたことを知るのである……。

そして、この長文の日記の終わりの数行に、飯田の町の敗戦前夜の様相が、次のように綴られていた。

○飯田の町に鬼気が漂いはじめた。これは半ば取壊した疎開の建物から発するものに相違ない。しかし飯田全市民、二里外に退去せよという命令のために、そうでない町にも名状しがたい鬼気が流れてくる。灯のない町に凄味のある半月だけが美しく上る。

私はこの頃、旧制中等学校の生徒で、一日一合の特配を受けて学徒動員に狩り出され、農家の手伝いをさせられていた。

鬼才・山田風太郎と知り合うのは、それから二十年ほど後の昭和三十年代の後半だった。当時、週刊誌編集長として練馬の大泉へ連載小説の依頼に出向いたことからだった。

その後、忍法ブームで莫大な印税が入って、京王線の沿線、聖蹟桜ケ丘の小高い丘の頂に、広大な土地を手に入れ、百坪の豪邸を建てて移転し、私の訪門もそちらになった。

鬼才は豪邸の主となってからも、大泉の小市民住宅時代といささかも変わらぬ飄々とした態度で接してくれた。だが、原稿の件を切り出すと、

「僕はもう、どんなに頭をしぼっても一行も書けないよ。書けるものは、ほんとうになにもないんだ。あれば書きますよ。だが、いまはなんにもない」

と、もっぱら作品のモチーフ、アイディアは枯渇し、作家生命は尽きてしまったと告白。さらに二、三年の余命だともつけ加えるのだった。

その堅陣抜きがたい忍法砦を攻めまくり、執筆の応諾を得るまでには何回も足を運ばざるを得なかったが、帰り際になると、

「今日も、塩澤さんに九十九・九九九％しゃべられてしまった。僕は○・○○一％しかしゃべらせてもらえなかった……」

と、人を喰った感想をぽつりともらすのだった。

鬼才は、一事が万事この調子で、どこまでが冗談で、どこまでが韜晦なのか、さっぱり判断しかねるような言葉や、ブラック・アフォリズムを連発するのだったが、そこには有名作家の傲岸さや構えは微塵もなかった。

この〝戦中派天才老人〟山田風太郎の、飯田人に対する感懐は「キ真面目過ぎる」のコメントだった。

鬼才が飯田市民をこのように断定するに至ったそもそもは、天狗党に関わるの取材に因んでいた。

天狗党とは、水戸の藩主徳川斉昭の藩政改革の折に登場した軽格武士を中核とするラジカル集団だった。

彼らは保守派の諸政党と対立し、攘夷延期を不満として、元治元（一八六四）年三月、筑波山で挙兵した。そして十月、家老、武田耕雲斎を党首に擁立し、斉昭の意志だった尊皇攘夷の悲願を在京中の徳川慶喜を通じて奏上しようと、浪士一行八百余名を率いて西上の途についたのである。

十一月内山峠を越えて信濃に入り、同月二十日、中山道和田峠下の樋橋村で高島・松本藩の連合軍を破り、伊那谷を通過。清内路から木曽馬籠を経て美濃路から越前へ入った。だが、季節は真冬の豪雪の時期であった。天狗党の一行は二月余の強行軍の疲れと雪のために力尽きて、金沢藩に降伏。首領の武田耕雲斎以下、浪士三五三名が斬首されるという、壮絶な最期に追い込まれていた。

山田風太郎は、この天狗党の乱に想をえて、幕末ものに筆を走らせることになった。

鬼才の作品の特色は、「常識に叶いながら常識を破る、あるいは常識を破りながら常識に叶う」奇想天外さにあった――そのあたりに暗い飯田の要人たちは、有名な小説家が取材にお見えになったからと、居住まいを正し、きちんと資料を揃えて、取材に全面協力をしたのだった。

天狗党の悲劇は風太郎の明治開花小説の範疇に入る『魔群通過』に結実するが、伊那谷を通過する件は、鬼才の筆にかかると、次のように描かれることになった。

われわれは、二十四日、飯田を通る予定でありました。ここは堀藩一万七千石の城下町だけに、そのため数日前から疎開騒ぎまで起こるほどの大混乱であったそうでござります。その飯田の名主や問屋から——おそらく堀藩の命令で——城下の大手先町を避けてくれるなら二十両献上するというので、こちらはわざと町を遠回りして通過しました。

そして、駒場から清内路を通過して馬籠へと道をとることになるが、小説ではその件は、ご承知か知りませんが、駒場から清内路へゆくには、当時は飯田方面から来た道を半分ほど、山本という部落まで引き返さなければなりません。で、そのため飯田には、せっかく通過した天狗党がまたひき返して来る、という知らせが走って、ふたたび大騒ぎとなりました。

と、史実に沿った経緯を辿りながら、ここぞというところで、一等史料と奔放にフィクションをないまぜて、風太郎流儀に一変させるのだった。『魔群通過』では、

ここにそのころ飯田で油屋をやっていた桜井孫右衛門という人が親戚に知らせた手紙の写しがありますが、それには、堀藩の侍たちがあわててまたお城に集まるのに、鎧かぶとは着けていても刀を忘れた者、陣羽織を裏返しに着た者等、『総家中、ことごとくに驚き

いり、半死半生の態』とあります。一面では、侍を揶揄的に見ていた町人の心理も類推される。

しかしわれわれは、山本村から北西へそれて、木曽山脈を越える清内路へはいったのでございます。

といった展開になっていた。

後年、飯田出身の私に憮然たる面持ちで、

「飯田の人たちはキ真面目でしょう。僕の小説など、およそでたらめなんだが、それを真面目に取材協力してくれましてね。僕は、これから書く小説のこと考え困ってしまいましたよ」

と、いかに困惑したかを、語ってくれた。

いんぎんさを絵に描いたような島崎藤村が『夜明け前』の取材で、伊那谷へ資料調べに来た時、座光寿村の旧家、北原家に遺る幕末の文献資料を居住まいを正して、書き写していったと伝えられている。一方、不羈奔放の作家のテーマは、藤村の『夜明け前』の対岸に立つ明治開花小説であった。

当然、一等史料のわずかな空隙に浮足立った飯田掘藩の腰抜け侍たちの周章狼狽ぶりを、陣羽織を裏返しに着たり、鎧かぶとを着けながら侍のシンボルとも言うべき刀を忘れたといった滑稽なシーンに描出していた。

名編集者　池島信平の評伝

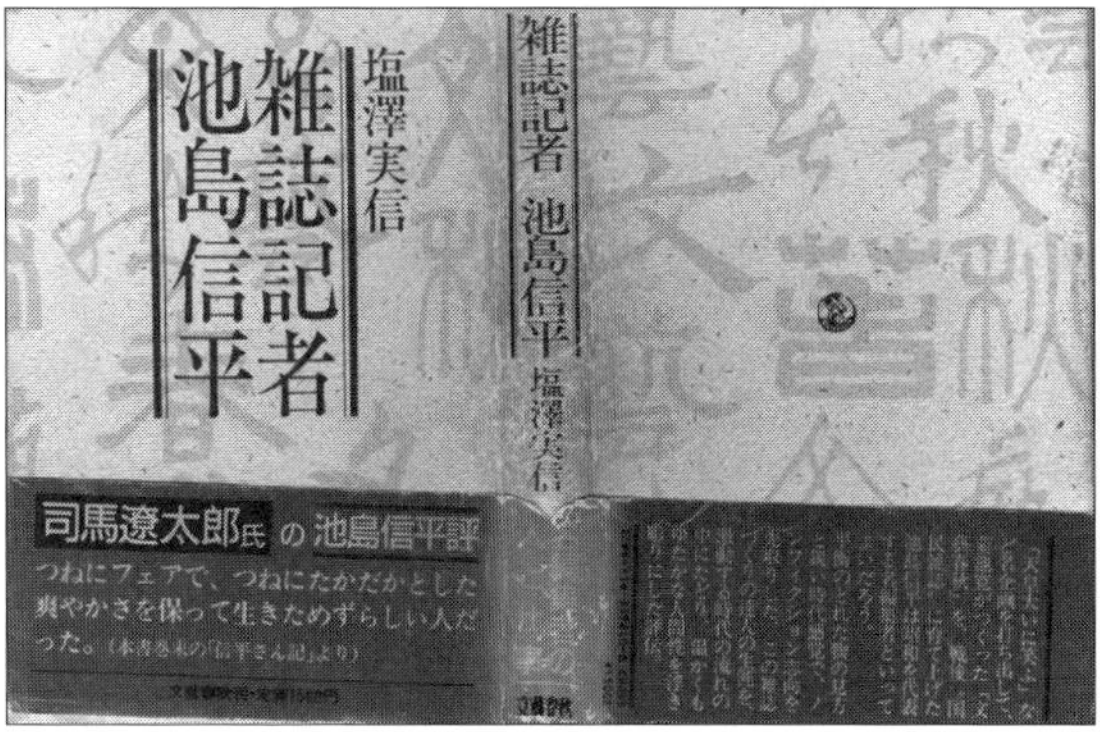

「雑誌記者池島信平」カバー。

同書の広告。

言論の自由が許された戦後、文壇の大御所と畏敬された菊池寛の創刊した「文藝春秋」を一躍、国民的雑誌に育てたのが池島信平だった。

東京帝国大学文学部西洋史学科に学んだ秀才で、ゆくゆくは大学教授の期待を持たれていた。

その英才が「文藝春秋」の編集者になったのは、噂に高い菊池寛とやらに会ってみたい好奇心から入社試験に臨んだことからだ。

この運命的な出会いが、一文芸誌を国民的雑誌に進展させる起因になった。

絶筆に甦る「新生」

私は、働き盛りの四十五歳で職を失った。

元職業軍人で紙問屋上がりの、白紙には一家言は持っていても、紙面に活字が印刷された出版には暗い傀儡社長と、編集方針をめぐって対立し、退社したのである。

中途半端な四十代で一切の属性を失い糧道を断たれ私は、先輩の示唆に従い、出版界の落ち穂拾いになった。以来、出版関連の拙著を上梓することになるが、戦後「文藝春秋」を国民的雑誌に育てあげた名編集者池島信平の評伝執筆を思いたったのは、五十代に入ってからだった。日刊新聞に一年半連載した後、文藝春秋から声がかかり出版の運びになった。上梓されると、黒子役の編集者評伝のものめずらしさもあって、話題になった。

池島信平とは、どのような人物であったか……。

その横顔を拙著『雑誌記者　池島信平』からダイジェストしてみる――。

文藝春秋の中興の祖、池島信平の絶筆は、急逝の数時間前に書いた「新生」復刻編集委員会のための原稿であった。自社の二〇〇字詰原稿用紙に、やや乱れた字で書かれた二〇〇字あまりの一文である。

戦後の大混乱期に、「新生」が突如現れたときは、本当に驚いた。いままでの雑誌社の考え方では、とても思いも及ばぬ新機軸がそこにはたくさんあったからである。新聞社の輪転機をつかってあっという間に三十二頁づつ刷り上げるという早業。それに文壇の大家たちの名前を、ぞろりと誌面にのせたこと等々、青山虎之助という白面の青年が、大きくおどり出たという感じで、時代の大轉換期というものは、こういうものかという実感にひしひしと捉れたものである。

青山さんと「新生」はその意味で、日本雑誌界の歴史的存在といってもいいだろう。

池島は、書き上げると、自社ネーム入りの封筒に納め、その日の午後、都内港区新橋三の三の五京味ビル「新生」復刻委員会　福島鋳郎宛に投函した。消印は、「東京中央13・2・73　18―24」となっていた。一九七三年二月十三日十八時以降に、中央郵便局で受け付けられた意味である。

池島は、この頃、本郷の出先で脳溢血の三回目の発作に襲われ、人事不省に陥っていた。絶命は、倒れて二時間後の十九時三分であった。

絶筆が、青山虎之助の「新生」だったことは、池島信平の雑誌記者としての生涯を考えるとき、深い因縁を感じさせるものがあった。

戦後、どこよりも先んじて、「新生」を創刊した新生社は、文藝春秋のすぐ隣りの大阪ビル旧館から、スタートしていた。敗戦の日から数えて、二十七日目の九月十日だった。

池島の『雑誌記者』には、その件が次のように述懐されている。

戦後出版界の彗星といわれた新生社も、われわれのすぐ隣の大阪ビル旧館でスタートしている。わたくしはいまでも、この雑誌「新生」の創刊当時のことを思うと、一種の興奮を感じる。白面の社長、青山虎之助さんは思いきった高額の原稿料を払って、続々と有力な執筆者をその陣営に加えてしまった。当時、洪水のような雑誌の印刷で、印刷所の状態も逼迫して、これが雑誌発行の大隘路になっていたが、青山さんは普通の印刷所を避けて、新聞社の輪転機にかけて、一挙に「新生」を大量に、猛スピードで刷っていた。こういうことは従来の玄人筋の雑誌経営者では到底思いも及ばない勇断であった。わたくしなぞは仰ぎ見るほどであった。


当時、菊池寛に率いられた文藝春秋は、大阪ビル新館六階にあった。池島が担当執筆した『文藝春秋三十五年史稿』によると、敗戦前後の同社は、「本社所在の大阪ビルは、辛くも爆撃の被害をこうむることなく終戦をむかえたが、ジャーナリズムとしての機能は、全く剥奪されていた。久しく鳴ることもなく、埃にまみれた卓上電話器が、周囲との連絡を断たれた姿をそのまま物語っていた」というどん底の状態にあった。

開闢《かいびゃく》以来、はじめて異国の軍隊に国土を占領されて、主権を失った日本人は、占領軍の鼻息をうかがいながら、右往左往している日々だったのである。

池島が、海軍から妻子の疎開先、新潟県柏崎に復員し、休養もそこそこに上京したのは、「新生」がはなばなしく創刊される直後の頃だった。

八月三十日に、北海道千歳で解隊式をして、家族の疎開している新潟へ向かったが、彼のその時の昂ぶった気持ちは、「雑誌がつくれる、これから自分の思うままの雑誌をつくることができるという気持が、もくもくと胸のなかから雲のように湧き起こってきた」というよろこびに充ちたものだった。

疎開先には、何日もいなかった。東京へ出て、一刻も早く社へ顔を出したい気持をおさえがたく、満員の上越線で上京した。東京は、空襲によって、山手の一部を残し下町はあらかた瓦礫の山になっていた。池島は最初に、恩師・菊池寛を雑司ヶ谷の邸に訪ねていった。四カ月ぶりの邂逅だった。

菊池は、丸っこい体に浴衣をダラリと着て、残っている社員相手に将棋を指していた。池島が、感激の面持ちで、「先生、ただいま帰ってまいりました」と言うと、菊池は、将棋盤から目を離してチラリと復員兵に目を注いで、「よかったね、これからは大へんだよ」と、耳馴れたカン高い声で言った。池島は、『雑誌記者』に、つづけて次のように述べている。

これからが大へんだよ、という言葉には、菊池さんの千万無量の重いがあったろうと思う。事実、菊池さんにとっては大へんな、しかも死期を早めるような苦難の時代が、この先に控えていたのである。わたくしはその深い意味を察することなく、ただ一途に、この人のもとでやはり「文藝春秋」を編集することができるという喜びでいっぱいだった。

飢餓生活下の自由

池島信平が、上京後、宿と定めたのは、本郷区本郷六丁目十三の泉屋旅館だった。生家の牛乳屋・北星舎に近かった。だが、実家は三月十日の大空襲で焼失していた。高田老松町の自宅は残っていたものの、彼が昭和十八年秋、満州文藝春秋社へ転勤した折に、家族を新潟へ疎開させ、知人に貸したままになっていた。

東京から新潟の郁夫人宛ての第一信に、池島は次のように書いた。

○旅館は六畳だが、窓が二面あり、日当たりはよい。窓から帝大の図書館が見え、学生時代にかえったようだ。食事はいろ〳〵考えたが、外食にすることにした。分量は尠ないが、足りぬ分は芋を買ってきて埋めあわせて置く、一貫目一二円位だ、外食々堂の不潔さにはいささか辟易してゐる。漬物の中にみゝずがゐたよ。（中略）

○大阪ビルは米軍へ供出になるらしく、目下引越に大多忙さ。近所になるべくオフィスを探すが、なければ菊池先生のお宅へ行くことにならう。私も気分を一新して新発足するといふ意味で、俺は、先生のお宅に決めることを主張してゐる。
○雑誌の、文春とオールの編輯はじまった。紙さへ都合つけば、文藝春秋は月二回発行したいと思ってゐる。先日マツカーサー司令部に呼ばれ、編輯上の懇談をしたが、さすがにアメリカさんはなかなか理解がある。今後は日本政府は、われわれに対し、一切検閲権がなくなつたのだから、妙なものだ。雑誌はこれから面白くなることは、確かだ。
○そちらもさうだろうが、メリケン兵の闇取引は相当なものだ。タバコ一箱三十円、チヨコレート一ヶ二十円もする。しかし、バットや光が十五円もするんだから、二十本入りだけに、舶来の方が得のようだ。菊池先生など、愛用のキャメルがふんだんに喫えるので大悦びだ。（後略）

池島が、検閲のなくなったことを夫人に報告し、衣・食・住のこまごましたことを綴っていたのは、出版人にとって最も関心の深い「新聞言論制限法令全廃」の指令が、九月末に連合国側から日本政府に通達されていたからだ。

戦時下、久しく失われていた言論・出版の自由が占領軍によって与えられ、蘇生した思いにかられる一方で、日本国民は、生存ギリギリの生活に逼塞していたのである。

当時の出版・言論人に、この天から降ってきたような〝自由〟が、どれほどのよろこびであったかは、高見順が克明に綴っていた次の『敗戦日記』で明らかになる。

昨日（注＝九月二十九日）の新聞が発禁になったが、マッカーサー司令部がその発禁に対して解除命令を出した。そうして新聞並びに言論の自由に対する新措置の命令をくだした。

これでもう何でも自由に書けるのである！

これでもう何でも自由に出版できるのである！

生れて初めての自由！

自国の政府より当然国民に与えられるべきであった自由が与えられずに、自由を占領した他国の軍隊によって初めて自由が与えられるとは、かえりみて羞恥の感なきを得ない。日本を愛する者として、日本のために恥ずかしい。戦に負け、占領軍が入ってきたので、自由が束縛されたというのなら分るが、逆に自由を保障されたのである。何という恥ずかしいことだろう。自国の政府が自国民の自由を、――ほとんどあらゆる自由を剥奪していて、そうして占領軍通達があるまで、その剥奪を解こうとはしなかったとは、なんという恥ずかしいことだろう。

高見順が、ここに書く発禁になった昨日の新聞とは、モーニング姿でマッカーサー元帥を初訪問した天皇が、略装のリラックスした姿勢の元帥と並んでいる写真を掲載した新聞だった。

占領軍から与えられた自由が、かなり不自由な自由であったことは、ほどなく知らされるが、この当座は、前途に大きな望みとよろこびを託していたことは事実だった。池島もその一人であった。

戦後、最初に出した「文藝春秋」十月号は三十二頁であった。一枚の紙を折っただけの、表紙も本文も同じザラ紙だった。永井龍男の「二十五年の歳月をさかのぼつて、創刊当時の形に戻つた」の表現は、まことに当をえていた。しかし、池島は食うことに精一杯で、雑誌の頁数を考える余裕などはなかった。その心のありようは、郁夫人への手紙にあますところがない。

十月二十八日日付の手紙には、理髪師の実弟、大五郎との生活に触れて次のように書いていた。

大五郎と布團を二つ並べると、もう一杯になつて、字を書く所がないので、ふとんの中で腹ばひになつて書く。汽車の途中で豊野で下車した。リンゴは二十五円に上がつているので、二貫目買つたゞけだ。

大五郎はアメリカの空軍司令部の理髪部につとめることになつた。月給は二百二十円で、チップだけで一日に十五円平均もある。しかもランチ・タイムにはクリームと砂糖がたつぷりついたコーヒーが出る相だ。俺も床屋になりたくなつたよ、全くの話しがさ……（中略）文藝春秋の再刊を祝して、近日、金一封が出るらしく、助かる。十、十一両月の月給もまことに心細くなつてゐるからね。

東京は何も面白いことはないが、秋晴れがつゞいて気持がいい。

みんな、体に気をつけるやうに。お前は特に、カルシユームなど摂つて、大いに腹中の生命を養はれたし。鰊の骨など、大いに食べるといゝね。（後略）

家族を疎開先に残して、二重生活をやむなくされているのが、東京に職場がある者の、当時は常識的な生活だった。

日比谷公園で、餓死対策国民大会が開かれたのは、十一月一日だった。一〇〇〇万人の餓死者が出るという流説が、もっともらしく飛び交い、農林省の計算でも、一〇〇万人ぐらいの食糧が不足すると報告されていた。

文藝春秋社の解散

「文藝春秋」の昭和二十一年新年号は、二十年の師走中ごろに刷り上がった。池島信平は、その編集後記に、次のように書いている。

新しき年は来たった。満目蕭条たる瓦礫の堆積の上に新春の斜陽は静かに照らしている。

国破れて山河ありとはいえ、無心の山河に有すべきわれわれの衷懐は詠嘆に終始すべきものではない。

実に本年をわれわれは日本始まって以来の暗黒の年と見るものである。説明はいまさら何も要しない。このときに当って、日本の知識階級の大部分を占める本誌の愛読者諸氏に祈念するところは大きいのである。（中略）日本の知識階級がこの生活に敗れ滅びるとき、わが「文藝春秋」も滅びるであろう。しかし古き日本が洋々たる太平洋の彼方まで窓を、心いっぱい開いた今日、われわれは決して押しひしがれるものではない。遅疑するものでもない。

都市に、農村に、われわれ日本人の「善意」の旗を立て、日本の再建に堂々たる汗を流し合おう。

われらは国民の最も信頼すべき層に眞実の基礎を置き、われらは同時に、この階層の忠実な代弁者として精力的にやる……編集に対するあらゆる批判と忠言に常に責任をもって応ずる用意がある。ほんとうのこと、充実したこと、そして人間として恥ずかしくないことだけを雑誌に盛り上げる——この苦難に満ちた年を迎えるにあたり、一言ご挨拶に代える次第である。

胸を張って、池島編集長は、新生日本で発行される「文藝春秋」の編集方針と決意のほどを述べたわけだが、新春を迎えるとともに、戦時下の活動に対して、戦犯出版社のレッテルが貼られ、粛清されるめぐり合わせにあった。一部同業者に戦犯の烙印を押したのは、出版社の自由団体であるはずの日本出版協会であった。

リストには、講談社、主婦之友社、旺文社など、戦時中に国の方針に協力的だった出版二十数社があげられていた。菊池寛は、文藝春秋が、〝戦犯出版社〟の対象にされたことを、ひどく気に病んでいた。

その心理的ショックに加えて、新円切替えによる資金繰りの悪化、用紙不足のために「文藝春秋」二月号の休刊を余儀なくされたことが、菊池の経営意欲を一気に喪失させてしまったようだ。

創業者の菊池が、文藝春秋社の解散を決意して、役員の佐佐木茂索、娘婿の藤沢閑二らにその意向を述べたのは、三月七日だった。佐佐木を除く全役員が賛同し、二十四年の歴史と、一時代を画した「文藝春秋」は、ここに廃刊が決定した。

寝耳に水の解散通告を受けたとき、社に残っていた古参社員は、池島信平、澤村三木男、千葉源蔵ら、わずか十余名だった。彼らは、「どこかいい職場があったらかわった方がいいよ」と、前々から菊池にすすめられていたのに、尊敬する菊池寛と仕事をしたい一心で、残っていた社員たちだった。

とくに、菊池に憧れて、〝雑誌記者〟になった池島信平の衝撃は大きかった。彼を中心とする古参社員らは、雑司ヶ谷の菊池邸へ押しかけ、「文藝春秋をなんとか続けていただきたい。もしそれが不可能なら、社名だけでも残してほしい」と、要求した。菊池は、その要求を聞くと、緊張したときの癖で、眼鏡の奥で眼をはげしくまばたきながら「名前だけならあげてもいいよ」と言い、ちょっと間をおいて、「名前だけもらっても仕方ないだろう」とつけ加えた。

リアリストの菊池が心配するように、文藝春秋の名前を譲り受けても、残された社員だけでは、出版社の経営をする能力も、金を集めるコネも皆目なかった。あるものは、雑誌「文藝春秋」をつくりたいという熾烈な情熱だけだった。

文藝春秋社の解散は、菊池寛の一方的な声明の形で、昭和二十一年三月十一日に行われた。新聞は一斉に、青天の霹靂のニュースを報じたが、創業者は〝菊池商店〟最後の号となった、二十一年四、五月合併号の「其心記」で、その心境を次のように述べていた。

○文藝春秋社も、今回解散することになった。主な理由は経営が困難であるからである。本社は、数百頁の雑誌を、四、五十万部出す機構でやっている。従って、一か月の経費は、二万五千円乃至三万円を要する。が、現在は、三十二頁の雑誌を、わずか数万部しか出せない。将来も何の見通しもつかない。本社が多年培った信用も、数十万の読者も、紙がなければ何のタシにもならない。闇の紙を買い漁って、経営をつづけるような興味もないし、そうした才能のある者もいないのである。元来が、出版企業者ではない。機構を縮小して、月々五千円の経費でやればやれるのだが、今更そんな整理なんかやりたくない。解散を断行する所以である。

○戦時中も、出版事業は、いろいろ圧制や干渉を受け相当の難行苦行であった。戦争中、出版で儲けたなどという人は、ホンの特殊の人であるだろう。企業整備で、紙の実績を買って残ることになったが、しかも、その実績に対する配給は、一枚もなかったのである。戦争中、出版事業をどうにかつづけようと努力した者が、ヒドイ目に遇い、戦争中、軍需事業などで、金を儲け、うまく紙を買いしめたものが、戦後の出版界に栄えているのである。こうした時代は、いろいろ理窟に合わないことが行われるが、しかし、そんな事を恨んでいてもキリがない。（後略）

新社誕生

文藝春秋社の解散が発表されるや買収の動きが各方面から起こった。真っ先に、残留社員ぐるみで、「文藝春秋」の発行権の譲渡を申し込んできたのは、隣の大阪ビル十階で、「新生」を発行していた青山虎之助であった。

池島信平は、「文藝春秋の解散と再建」の件で、そのあたりの経緯を次のように書いている。

のちに社の解散のとき、青山さんは機敏にも文藝春秋合併を思い立ち、小島政二郎氏、舟橋聖一氏の手を通じて働きかけてきた。わたくしは当時、舟橋聖一さんのお宅へ呼ばれて、舟橋さんから、「菊池さんたちが辞めたあとの文藝春秋を、君たち編集者だけでやってても自信がないだろう。やはりいい経営者がいなければダメだ。それには新生社の青山君のところへ行って、文藝春秋を新しく創ったらどうだ。君個人に対して青山君はひじょうに好意をもち、いま君がいくら月給を貰っているか知らないが、千円出すといっているよと、切に奨められた。スカウトである。

池島は、当時の月給は二百円くらいだったと書いているが、夫人に宛てた手紙を読むと物価手当てなどがついて、三八〇円程度にはなっていた。

青山虎之助は、その池島に「文藝春秋」の看板代も含めて、千円の月給を約束してくれたのだ。しかし、池島も、他の社員もその誘いには乗らなかった。旧社員たちだけで、四半世紀の伝統あるノレンを、守りつづけてゆきたい気持ちだった。菊池寛は、己に恃むところが強く、「菊池寛の名のない文藝春秋じゃ誰も買ってくれやしないよ」と言い、強いて続けたいなら、横光利一を社長に頼むようにすすめもした。

しかし、池島らは、放漫な人柄の菊池の文藝春秋社を支えてきた佐佐木茂索を迎えるよう画策した。彼らは、満員電車に乗って伊東へ行き、二日間にわたって佐佐木に出馬要請をし、ようやく重い腰を上げてもらった。

佐佐木の文藝春秋社の解散から、新社設立までの経緯を綴る簡潔な文章によると、三月十五日に上京して旧社の社員一同に会った後のことどもが、次のように述べられている。


翌十六日私は大映社長室に菊池氏を訪ねた。菊池氏は「君がやるなら引継ぎも円滑でよい」と云った。私は解散決議を取消し、このまま引継ぐことは出来ないかと問うたが菊池氏は飽くまで解散すると譲らなかった。「解散したら君も退職金が貰えて得じゃないか」と如何にも菊池らしい率直な言葉だった。

「君がやるなら資本金も半分くらい残るだろう」とも云った。つまり菊池氏一族だけはどうしても退くというのであった。


文藝春秋には、菊池寛の血縁者、ゆかりの者が少なくなかった。解散の時点で、甥の菊池武憲、庄司淳、女婿の藤澤閑二らがいた。

「文藝春秋」の誌名は受けついだが、菊池から社名は別の名を使用してくれと言われて、佐佐木は、新文藝春秋社、文藝春秋新社の二つの中から後者をとった。出資者に、大倉財閥の当主、大倉喜八郎を加えて、新社は発足することになった。

三月二十三日が、設立の当日だった。佐佐木茂索はその日全社員、といっても十数名を集めて、これから社づくりにかかることを告げ、「私も出せるものは皆出す。諸君もそうして欲しい」と要請した。

資本金は五十万円だった。

新しい会社の顔ぶれは、社長佐佐木茂索、編集局長池島信平、業務担当花房満三郎、出版部長澤村三木男、「文藝春秋」編集長鷲尾洋三だった。他に社員として、千葉源蔵、古澤線一、車谷弘、鈴木貢、小野詮造、庄司淳、桔梗哲之介、岡田みつ子が加わっていた。

復刊第一号の「文藝春秋」六月号は五月中旬に刷り上がった。梅原龍三郎の富士山の表紙だった。出しさえすれば売れた時代で復刊号は飛ぶように売れた。だが、「よいことがあると、必ずそのあとに悪いことがある」の言葉通り、六月十五日に事務所があった大阪ビルが接収された。新大阪ビルの新生社も、同じ接収にあって日本橋の自社ビルへ移った。

佐佐木茂索が、青山虎之助から合併話があった旨知るのは、新社が設立された後だった。律儀な彼は、新事務所探しに浮き足だっていた頃、次のような礼状を出した。

前略

其後一度御訪ねしましたが、御目にかゝれず、以来意外の御無沙汰してゐます

いろ〳〵の事は省略させて頂きます

此度は互に飛んだ災難で同嘆の至りですが、流石に早速見事な御立退き先で敬服の外ありません。当方も總動員で奮闘してゐますが、まだ、山のものとも山のものとも分からぬばかりで閉口してゐます　さういふ中へ御好意を御寄せ頂いた報告を聞き、何とも有難い次第です。

厚く御礼申上げます
微力如何とも致し兼ねる時、御すがりする外ありません何卒よろしく御願ひ申上げます
先程電話をかけさせたら御外出との事とりあえずこんな手紙で失礼のみ申上げる事になりました
忙中乱筆乱文あしからず御判読願上げます
早々不一
六月廿六日
佐佐木茂索
青山様

菊池寛に魅かれて

池島信平が、編集・出版人として生涯を賭けた文藝春秋社は、菊池寛のほんの気まぐれからスタートした雑誌社だった。社業の隆盛とともに風格を増す「文藝春秋」の誌名と社名は、菊池が他の文芸誌に書いていたエッセイの、通しタイトルからの流用だった。

菊池は、雑誌の発行を思いたったとき、最初に考えた誌名は「牙城」という、いかつい

ものだった。「文藝春秋」の同人となる、後年の『右門捕物帖』や『旗本退屈男』の作者佐々木味津三の回顧によると、その件は次のようになっている。

あの人（注＝菊池寛）は今でもきっと、帯をしめたようなしめないような格好でぶら下げ、足袋のコハゼをはめたようなはめないような恰好でつっかけておられることだろうと思うが、そのときもすこぶる怪しげな姿で、細い声をしながら言ったものである。

「ポケットマネーの二百円位はどうにでもなるからね。それで出すんだ。牙城という題はどうだろう。君、君、いかんかね」

というのを、いかんです、文藝春秋がいいでしょう、ということになって、ふらふらとついた名が今の広大この上もないこの文藝春秋である。

自ら「思い付きの秀でたのが取柄だった」と言い、「雑誌編集者として成功したのも、そのためであると思っている」と後年に述べる菊池寛であった。「文藝春秋」に決めるまでには、あれこれ相当に苦心をしていたことは事実だった。

だが、無頓着と放胆と見られた言動で、六十年の生涯を通した菊池は、この種のゴシップは掃いて捨てるほどあった。現に「文藝春秋」の創刊の辞と、編集後記にしてからが、すこぶる人を喰ったものであった。

私は頼まれて物を言うことに飽いた。自分で、考えていることを、読者や編集者に気兼ねなしに、自由な心持で言って見たい。友人にも私と同感の人々が多いだろう。又、私が知っている若い人達には、物が言いたくて、ウズウズしている人が多い。一には自分のため、一には他のため、この小雑誌を出すことにした。

「創刊の辞」をこのように書いた菊池寛は、定価十銭、本文二十八頁という片々たる雑誌の最終頁の「編集後記」に、さらに風変わりな楽屋裏をさらけ出す、次の言葉を述べたのである。

もとより気まぐれに出した雑誌だから、何等の定見もない。原稿が、集まらなくなったら、来月にも廃するかも知れない。また、雑誌も売れ景気もよかったら、拡大して創作も乗せ、堂々たる文芸雑誌にするかも知れない。(後略)

東京帝国大学の文学部西洋史学科に学んだ池島信平が、菊池の下へ馳せ参じたのは、気まぐれに創刊し不調なら明日にでも廃刊しそうな「文藝春秋」が、頗る付きの好調裡に発展したからだった。

池島は、昭和八年三月、卒業とともに大学院へ進み、ゆくゆくは大学教授の道をえらぶものと、教授や学友たちの間で考えられていた。

それを、創業十年を超えたばかりの新興雑誌社へ就職することになったのは、生来の好奇心からであった。大学院へ進んで日の浅い五月のある日、文学部事務室の掲示板に「編集部員三名募集」と、文藝春秋社の社員募集の掲示が出ていたのである。

それを見て、池島は入社試験とやらを、一度は受けてみたい、試験場を覗いてみたいという好奇心にかきたてられたのだった。

「しかし」と、池島は『雑誌記者』に、

「……菊池寛という男はどんな人か、ぜひ顔をみておきたいという別の好奇心があった」と述べている。

「文藝春秋」と池島信平の出会いは、入社試験をさかのぼる十年前の創刊直後にあった。一つ年上の兄元司から、「これが今度、菊池寛が始めた『文藝春秋』だ。名前が新しいじゃないか。値段も安いし、なかなか面白いから、お前もひとつ読んでみないか」とすすめられた。池島はすぐ手にとってみたが、上部に木版で「月刊文藝春秋」と墨ベタの中に白ヌキで印刷され、目次も兼ねた表紙も単色で薄っぺらな小冊だった。「見ばえのしない雑誌だなァ」の第一印象を持っただけにとどまった。

色刷りで、美しい少年雑誌ばかりを見てきた少年には、単色の文壇ゴシップ雑誌はおよびではなかったのである。

しかし、定価十銭という安さと、肩のこらない文壇ゴシップ記事が受けて、「文藝春秋」の創刊号三千部は、たちまち売り切れとなった。翌年新年号は一万七千部、三年目の新年号が二万二千部、同年九月号から四万部、四年目は十一万部と二ケタ万台にのせ、十周年記念を迎えた昭和七年新年号は、「現代百科小事彙」を付録として、五九四頁、特価七十銭、発行部数二十五万八千部の堂々たる総合雑誌に発展していた。

本文二十八頁。発行部数三千部からスタートして、十年そこそこで頁数では二十一倍強、刷り部数で八十六倍、定価が七倍と、「文藝春秋」の上昇ぶりは驚嘆に価した。

急成長の理由は、菊池寛の、空理空論を排して、ヒューマン・インタレストに核を据えた知的で面白い編集方針にあった。

『話の屑籠』に感服

池島信平は、安くて爽快なこの「文藝春秋」を、いつの頃からか愛読するようになっていた。当時、彼がいちばん初めに読むのは、菊池寛の執筆する『話の屑籠』だった。その欄は、臨時増刊の「オール讀物号」に執筆しはじめたもので、はじめの頃は歴史好きだった菊池の「歴史こぼれ話」的話題で埋められていた。しかし、昭和六年八月号から本誌に移されたのを潮に、社会時評、身辺雑記、編集後記風の通信に変わっていた。

テーマは変わっても、菊池寛らしい、ぶっきら棒で簡潔、言いたいことをズバズバいう筆法が、「文藝春秋」の呼びものの一つとなっていたのである。

池島信平が『話の屑籠』に魅かれたのは、彼もまた〝歴史好き〟であったことと、いい意味で良識にあふれた、平易で歯切れのいい的確な文章が、彼の生理に合ったからだった。

一読、溜飲のさがる号がほとんどで、たとえば、創刊十周年の『話の屑籠』には、次のように書かれていた。

△『文藝春秋』創刊以来十年の月日は、短くまた長く感ぜられる。最初は趣味で、道楽で始めたことが、今ではビジネスになり、原稿も最初は書きたいことだけを書くことにしておいたのが、今ではビジネスになり、今ではゼヒ書かねばならなくなったし、社員四、五十名の生活を負担しているから、経営の苦心もしなければならず、社員に仕事を与えるために始めた新雑誌がうまく行かなかったり、創刊当時に比べては煩わしいことが多くなった。
（中略）
△『文藝春秋』の創刊号を所持されている方が二百名もあるのに驚いた。色紙をかく約束をした僕は、閉口している。せめて五十位だと思っていた。試みに、この十周年記念号も保存して置いていただきたい。今後二十周年記念号を出すときは、又生きていれば色紙も書く。しかし、おそらく死んでいるだろう。
△自分は七、八年前から、自分の健康状態から五十で死ぬつもりで生活して来たが、こ

の頃は心配していた心臓もよくなったので、五十以上生きのびるかも知れない。しかし五十位で死ねば、いいと思ってる。

この原稿を書いた年、菊池寛は四十五歳だったが、昭和五年に平凡社から『菊池寛集』全二十三巻を出版し、翌六年、改造社から『菊池寛集』四巻も刊行、……当時の人生五十年を計算に入れた後顧の憂いのない生活手段を、リアリストらしい堅実さで着々と築いていたのである。

身近な者にも、死を視野に入れた言動は明らかにしていた。

菊池の寵愛をほしいままにした秘書佐藤碧子の述懐によると、

「先生は、黒革のシースに、心臓のクスリのジギタリスと、胃腸薬のダイモール、それにいつ死んでも困らないように遺書をいれておりました。私が入った頃には、一ヵ月に一回ずつ書きかえていらっしゃいました」

という慎重さだったと言う。

甥で「文藝春秋」の編集者でもあった菊地武憲によると、伯父の死への対応は、さらに徹底したものだった。

「おやじ（注＝寛）は五十で死ぬつもりでいましたよ。金山御殿といわれた雑司ヶ谷の家に住んでいる頃、『あそこで死んでは葬式が出せないから』と言って、水道橋の小日向台町あたりに大きな家を借りていました。葬式のために借りたものとあって、全然住まないままに、家賃を払いつづけていましたよ。たしか、浜口雄幸邸の近くでした。」

菊池寛は、人の嫌忌する「死」の話を、茶話の合間に平然と話し、死生観をあちこちに書きながら、その一方で、各社のマス・マガジンに超一級の稿料で、小説、エッセイ、文芸評を書き飛ばしていたのである。四十数歳の若さで、すでに全集を持ち、また一流の雑誌へ恒常的に登場しつづけて、流行作家・菊池寛の盛名は、断然、他を圧倒していた。文壇における地位も、破格の大部数の「文藝春秋」を主宰し、多くの友人、門下生を擁していたことで、大ボスのように見られていた。

事実〝文壇の大御所〟の異名もあり、その位、収入、権勢をねたまれて、左翼誌や、赤新聞のたぐいに悪意のゴシップが書き流されていた。

東大に学ぶ池島信平の耳に、菊池のその種の噂が入らぬではなかった。しかし、彼は、文壇の大ボスと喧伝される菊池寛の顔さえみれば満足だという軽い気持ちで、文藝春秋社の入社試験に臨んだのである。

指定された試験場は、駿河台の文化学院であった。池島はそこへ行って、受験生があまりに多いのでびっくりした。問題は常識試験の単語百題で、二時間のうちに解くものだった。時の人、歴史上の人物、架空の人など、古今東西にわたる人の名前、小説のタイトル、クラシックの音楽の曲名、現代用語などがズラリと並んだ、幅の広い難問、奇問だった。

池島はさっと目を通したところ、半分くらいしか分からないので、分かる部分だけを急いで書いて、一番早く教室を出た。試験場を後にしながら、池島は「これで落第だ」と憮然とした気持ちで、東大前の実家、北星舎まで歩いて帰った。

入社試験の問題の考案者は菊池寛、その人であった。「文藝春秋」六月号の『話の屑籠』に、彼は「試験問題は頗る難問であった」とことわった上で、次のように感想を書いていた。

学校を出ただけの人には、百題中二十も出来なかったらしい。七百人中、七、八十出来た人が二、三人、五十以上も出来た人は十四、五人しかいなかった。雑誌には、古今東西のあらゆる記事が出るのだから、諸事百科に就いて、一寸した心得は望ましいのである。

「話」編集部から出発

池島信平は、二次試験の口頭試験まで残った。幸運にも、五十問は出来た十数名の中に入っていた。

待望の菊池寛に、その結果会えることになって、文藝春秋社の入居する大阪ビルの地下レインボーグリルが、面接会場となっていた。

そこで会った文壇の大御所は、掌がふっくらと丸く、眼鏡の奥の眼が絶えずパチパチしているのが印象的だった。菊池の隣には、冷厳な眼の、身なりに寸分の隙もない人がひかえていた。数年前、文藝春秋社をしっかりした法人組織にするために、乞われて加わった専務の佐佐木茂索だった。

佐佐木は、ニコリともしない厳しい顔で、「君の才能で、何が一番の売りものですか」と質問した。

池島は、とっさに、大学で歴史をやったから、歴史のことは少しだけ知っている旨答えたが、菊池はその答えをひきとるようにして、表情にそぐわないカン高い声で、「キミ、たいてい社へ来てもらうよ」と、何ともいえない親しそうな顔つきでいった。

その一言は、池島信平の後半生を決定づける、きわめて重い言葉となった。

昭和八年六月一日……文藝春秋社の第一期公募社員六人は、大阪ビルの社へ初出社した。入社を許された六人はすべて、東京帝国大学文学部卒であった。両三名募集予定だったのに、倍の六名にふえたのは、菊池寛のいかにも鷹揚で、義侠心に富んだ英断の帰結だった。

彼はその経緯を、「文藝春秋」誌昭和八年七月号の『話の屑籠』に、次のように明らかにしている。

△本社の入社試験は、わずかに広告した丈で、応募者が、七百名であった。もっと広告したら千五百名はあっただろう。最後の口頭試験まで残った人は、二十五、六名だったが、どの人も有為な青年らしく見えた。仕事がしたくて、イライラしている人を、そのままにして置くなんて、一つの社会悪だと思った。採用する予定は三人であったが、最後に残った六人は、全部入れることにした。社がどうにかやっている以上、少しでも多くの人を使

うことは、一つの社会的責任だと思ったからである。大学を出て三、四年もブラブラしてるなんて、その人の心事を考えた丈でも、憂鬱になる。喰うのに困る人、働きたくても仕事のない人が多いなどと言うことは、ハッキリと社会的欠陥を現していると思う。

池島は、筆記試験の成績順位が、「五番目ぐらいの成績だった」とかで、「もし三名募集であるなら、落第したことになる……」と自ら記しているが、後半の彼の人生と、戦後の「文藝春秋」の発展を想うとき、この一つから見ても、菊池寛の裁量がいかに大きかったかが明らかになる。

いま一つ、編集者池島信平の後半の人生を考えるとき肝要なのは、最初に配属された部署が、看板雑誌の「文藝春秋」ではなく、その年の春に創刊された「話」であったことだ。「話」は、「創作月刊」「婦人サロン」「映画時代」「モダン日本」など、本誌についで次々に創刊された雑誌が、どれも赤字つづきであったのに、「文藝春秋」についで採算の取れた雑誌だった。

菊池の思い付きになるもので、雑然とした知識や話題を集めた興味と実益を兼ねたトピック雑誌だった。創刊号の『編集後記』にその面目躍如ぶりが紹介されている。並の雑誌なら充分使える整然たるプランを創りあげて菊池に見せたところ「君、これは駄目だよ」と、たちまちプラン用紙を裏返しにして、見る見る二、三十のプランを書き出したとある。「その雑然（？）と並べられたプランを呆然と見て居たが、やっと社長の新雑誌に対する計画抱負がわかった……。」

編集の方法は、いまの週刊誌のようなもので、面白い話題の持ち主をさがし、その談話を聞いて、編集者が記事にまとめあげるという趣向であった。

創刊号の目次を見ると、菊池寛の狙いがどんなものであったかが、一目で明らかになる。

一部を拾ってみると、次の通りだった。

「奉天戦の思ひ出話／金持代議士、貧乏代議士／談合屋内幕話／『ソ』聯邦極東軍の実力／米国太平洋方面防備秘話／世界最巨船の話／素人競馬必勝法／東西やくざ仁義／在獄二十八年懺悔録（犯罪者手記）／女總司令川島芳子とその幕下／ナヒモフ、アリヨール捕獲記／癌の話／共産党検挙の回想／赤色エロ戦線陣営／赤い戦線に躍る名門の令息令嬢列伝……」

目次のタイトルを一読すると、現在でも通用する、興味深甚の話題が並んでいるのに驚嘆するだろう。

ところが、最高学府で西洋史学を学び、一度は学者の道を志していた池島信平には、「話」のこの内容はいささか低次元の、「実話雑誌」のたぐいと感じられた。難関を突破して、憧れの菊池寛の下で働けるようになったとはいうものの、看板雑誌編集部には回してもらえず、こんな雑誌「話」に配属されたとあって、不満の気持ちは強かった。

しかし、「話」編集部は、池島に〝雑誌記者〟としてのノウハウを、完全に身に着けさせる役割を果たし、菊池寛流の編集術を学ばせる絶大な教室となった。

御大の編集術

「わたしはここで社会部のような仕事を長くやらされたが、いまにして考えると、このあいだの自分の仕事は後にたくさん役に立ったと思う。たくさんの人に会い、その談話筆記をした」

と池島は述べるが、その原稿をまとめるに当たっては、「わかりやすく、そして面白く」という方針で、どんな難問題、硬派記事も、トピックの線でコナす、実に柔軟な身軽な編集法を身につけさせてしまったのである。その編集方法が、戦後、彼の手によって大躍進をする「文藝春秋」に、見事なまでに生かされるのだが……神ならぬ身、当時は知る由もなかった。

つづいて、編集者池島信平にとって、天の配剤のようなチャンスにめぐり逢うことになった。それは、最初は好評だった「話」が菊池寛の手を離れて、新人六名を含めての編集部にまかせられたため、一挙にマンネリズムにおちいって、六割近い返本になったため御大自らが、編集長になったことからだった。

「社長として自ら編集長になったということは相当自ら信ずるところがあったのであろうが、わたくしにとっては編集長としての菊池さんの実力を知る、またとない好機会を得たわけである」

と『雑誌記者』で池島は述べている。

社長兼任編集長の初編集会議は、昭和九年三月のある日、午後三時過ぎから始まった。将棋が盤上に散らばった、乱雑な社長室へ「話」編集部員を呼び集めると、菊池は、

「今度、僕が編集長をやるよ。これからプランを出すから聴いてくれたまえ」

と、カン高い声でぶっきらぼうに言い、机の上の巻紙をとって、毛筆でサラサラとプランを書きはじめたのである。

「その速いこと、驚くばかりである」とは、目のあたりに御大の筆先からほとばしるように出てくるプランを見た、編集初年兵池島の感想だった。初年兵はつづけて、菊池のプランの見事さを、次のように述べている。

そしてそれを自分で読み上げたのであるが、たとえば『野依秀市はどんな男か』『講談社はどんなところか』『朝日、毎日争覇戦』『銀座の女給をメンタル・テストする』とかいうような、いままで聞いたことのないような題目ばかりである。(中略)

非常に突飛なような題であるが、そのものズバリである。読者にもすぐ諒解できる題である。また、目標がハッキリしているから編集者としては、非常にやりやすい。実行計画に移りやすい企画であった。つまりトピック主義であった。

菊池編集長のプランは、事実、取材にとりかかってみると、編集者の興味をひき、取材対象にも理解しやすく面白く、まとまっていた。名プランナーの結果は、すぐ数字となってあらわれてきた。六割近い返品だった「話」は、菊池が直接、編集にタッチしはじめたとたん、二割足らずに止まり、たちまち黒字に転じたのである。

その即効性、天才的とも言える編集術に、池島はホトホトあきれ、畏敬の念を一層、深めることとなった。

池島信平は、この天才編集長の麾下で、得がたい編集生活を体験し、「生涯の最大の幸福の一つ」と思えるほどの幸運を味わった。だが、その幸福は御大の最大の欠点、一種の飽きっぽさのため一年足らずで終ってしまった。池島は次のように述懐している。

（菊池の）編集者としての欠点を強いていえば、この飽きっぽさが、その最大のものだろう。編集者は飽くまで粘り強くなければならないわけである。

菊池さんは飽きっぽいというか、面倒くさがりやというか、第一、自分の社の主催した座談会に出て司会役をしながら、話がこんがらがったり、退屈したりすると、面倒くさそうに途中ですぐその役を放棄した。「ぼく、もういいだろう。あと、君、やれよ」といって、お客さんはまだ滔々と弁じているのに、菊池さんはサッサと中座してしまう。あとに残ったわれわれこそ災難である。

その最大の欠点は、戦後の文藝春秋再建の時にもいち早く発揮?されるところとなった。菊池は、ややっこしい社の雑務から解放されて、気もセイセイしただろうが、家庭を抱えた身で投げ出される社員こそ、いい迷惑であった。

「五十の生涯」を念頭においていた菊池寛は、文藝春秋社を社員らにゆずった昭和二十一年、すでに五十九歳となっていた。自らの人生計画より、九年も長く生きたわけである。彼は予感として、死の足音が目の前に近づいているのを、漠然と読んでいるフシがあった。

菊池寛を、人生の師と仰いだ池島信平にもその〝虫の知らせ〟のようなものはあって、昭和二十三年三月六日の夜、師が狭心症で急逝した日、招かれざる客として偶然にも菊池邸を訪れて、臨終に立ち会っていた。

その夜、菊池邸では、数日前から胃腸を悪くして寝込んでいた御大が、治ったということで、内々の快気祝いをしている最中であった。家が近くの池島は、招かれなかったのに、見舞いがてらに訪ねていった。

広間で一人、うれしそうにダンスのステップをふんでいた菊池は、突然の池島の来訪に気づくと、相好を崩して、

「キミ来たの、みんな茶の間で飲んでいるから飲んで行けよ」

と、浮き浮きした声で言った。

池島信平が聞いた、これが菊池寛の最後の言葉となった。菊池は、この十分後に、胸苦しくなって、二階の病室に戻るが、宿痾の狭心症の発作で絶命したのである。

師を喪う

池島信平は、恩人・菊池寛の臨終に間に合ったことに、不思議な因縁を意識せざるをえなかった。偶然、訪ねていって、突如の死に間に合ったことに、目に見えない糸で操られている運命の必然を感じた。

菊池の死を悲しむ心の中で、池島がなんとしても無念でならなかったのは、師が追放中に急逝したことだった。リベラリストと自他ともに認めていた大きな人物が、占領政策の、追放という理不尽な仕打ちの中で亡くならざるをえなかったことに、池島はやり場のない怒りを感じていた。

佐佐木茂索をはじめ、文春の社員は、社の経営が順調になり、菊池の追放が解除された暁には、無条件で新社へ戻ってもらい、社長でも会長にでも就いてもらう念願があった。それが、新社をひき継いだ社員たちの暗黙の了解事であり、文藝春秋を復興する意気込みでもあったからだ。

池島は、菊池の戦時下における明治人間の素朴な愛国心に、戦後も一貫して理解を示していた。戦争を憎みながら、ひとたび開戦するや、祖国が負けてはならないと、ひたむきに協力をする姿を、批判的な眼で眺めたことはなかった。

菊池寛は、「日本という国が隆昌する」ことを常に心に念じていた。それは、図らずも、いつバッタリ止まるか知れない心臓を慮って、毎年のように書き直していた遺書の中にも書き遺されていた。

菊池の葬儀の日に発表された一通の遺書にその文字があった。

私はさせる才分をなくして文名を馳せ、一生、大過なく暮らしました。多幸だったと思います。死去に際し、知友及び多年の読者各位にあつく御礼を申します。

ただ国家の隆昌を祈るのみ。

吉月吉日

菊池寛

人生と編集上の師を喪ったその年、池島は自ら買って出て、ふたたび「文藝春秋」編集長になった。局長と兼任の長であった。

生来、丈夫な体でなかったのに、自ら編集長を買って出たのは、最前線から遠い編集局長の立場が、我慢できなかったからであった。

生き物である雑誌は、現場で生きのいいネタを捌く編集長のものである。池島は国が敗れ、コペルニクス的転回をしている時代をみるにつけ、自らの手で激動のその時代を反映させる雑誌をつくってみたいと考えたのである。池島編集長がその時考えた「文藝春秋」は明治六年、森有礼・西周・福澤諭吉など、洋行帰りの錚々たるインテリが創刊した「明六雑誌」の編集方針に見習うことだった。

文明開化期の啓蒙思想を代表した同誌の内容は、創刊号の巻頭を飾った「洋字ヲ以国語ヲ書スルノ論」にはじまって、男女同権論、死刑廃止論など、おどろくべき先見性にみちた論が展開されていた。

池島は、その進取の精神に富んだ雑誌の内容もさることながら、創刊号の表紙裏に記された宣言に、強く心を魅かれたのである。

頃日吾儕蓋簪シ或ハ事理ヲ論シ或ハ異聞ヲ誤シ一ハ以テ學業ヲ研磨シ一ハ以テ精神ヲ爽快ニス共談論筆記スル所積テ冊ヲ成スニ及ビ之ヲ鏤行シ以テ同好ノ士に頒ツ瑣々タル小冊ナリト雖モ邦人ノ為ニ知識ヲ開クノ一助ト為ラハ幸甚

明治甲戌二月　　　　　　　　　　　　　　　　明六同社識

池島信平は、「明六雑誌」のこの宣言の、
「一ハ以テ學業ヲ研磨シ一ハ以テ精神ヲ爽快ニス」
を読んだとき、石が流れて木の葉が沈む、敗戦後の混乱した世に照らして、
「一読、精神を爽快にするような、気魄にみちた雑誌をつくってみたい……」

と、心に決めたのだった。

しかし、当時は紙不足で、雑誌は六十四頁建てに決められ、しかも仙花紙という赤茶けたチリ紙状の紙しかなかった。

池島は、言論の自由が許され、思うような雑誌がつくれるというのに、紙のままならぬのが、どうにもやりきれなかった。

池島は、新社の一室が収まる幸ビルから二、三分のところに、日比谷のアメリカ図書館があることを幸いに、近着のアメリカ雑誌を読みに度々通った。日本の雑誌と較べて、アメリカの雑誌は、カラフルで紙もよく隔世の感があった。

それにも増して、編集長池島信平に衝撃を与えたのは、戦前から馴染みの「ルック」「ライフ」などの豊富な写真とエスプリのきいた説明文だった。

とくに、「コロネット」「リーダーズ・ダイジェスト」という小型雑誌の文章にいたく感服していた。

掘り出した鉱脈

「コロネット」誌は、若い読者を狙っていて、実に多彩な取材をこころがけているようだった。グラビア頁の説明も見事だった。

一方「リーダイ」は、写真だのイラストは少なく、読ませるためのダイジェスト誌だった。どんな長文の記事でもトリプル・スペースの十四、五枚に納めてしまい、読みはじめるとはじめの数行で読書の心をつかみ、最後まで息もつかせず読ませてしまう見事な誌面づくりをしていた。難解な科学記事でも、関心の薄い政治記事でも、「リーダイ」に掲載された記事となると、ことごとくが、一気に読み終わらせる、平易で興味深いリーズナブルな文章になっていた。

そのアメリカの雑誌に対して、日本の粗悪な紙に印刷された文章は、名の知られた学者・作家のものでも読みにくく、魅力に薄かった。総合雑誌の記事がとくに、ひどかった。

「リーダイ」の日本語版は、敗戦の翌年六月に日本でも創刊されていたが、アメリカ文化の息吹きを鮮烈に伝える内容と、巧みな誌面づくりによって、飛ぶように売れていた。

池島が、日比谷のアメリカ図書館でオリジナル版を読み、歯がみするほどの悔しさを味わった頃、百数十万部近い発行部数と取り沙汰されていた。

池島は編集者として、徹底的にこの小誌に学ばねばと心に決めたが、そのときの心境を、「文春」が〝国民雑誌〟と呼称される後年に、次のように綴っている。

いままでの日本の総合雑誌編集者がむずかしい議論・空疎なイデオロギーというものにこだわって、自分で雑誌を狭くし、読者をみずから自分で限定していた時代に『リーダイ』

はかなり高度の内容を持ちながら、実にやさしい形で読者にアピールしている。シュガー・コーテッド（糖衣）といわれる編集法であるが、とにかくどんな記事でも、始めの五、六行で、すでに読ませる表現法を必ずしている。エピソードでまず出発している。どんな問題でも、初めに読者が読みついたら、最後まで読ませる技術を備えているのに驚いた。日本の編集者も執筆者も、よほどこれは勉強しなければならぬと痛感した。

一九二二年、デヴィット・ウォレス夫妻によって創刊された「リーダイ」は、どのような執筆の文章も、読者の理解度に合わせて手直しするのが、鉄則となっていた。それゆえ、編集者は「リーダイ」の読者の理解力、求めている線に従い、読者の身になって記事を整理していたのである。「難解な部分は書き直し、冗長な部分は削り、曖昧な部分はシャープにする」という方法だった。

「リーダイ」の編集者は、その仕事こそ、雑誌編集者に与えられた使命と骨の髄まで叩き込まれ、結果として数行で読者の心をしっかりつかみ、最後まで読ませてしまうテクニックを身につけていたのだ。

池島は、自分はもちろん「文春」編集部の者に、「リーダイ」から学んだことを、できることからすぐに応用させるようにした。

高名な学者の高邁なお説でも、冗漫で魅力のない文章であった場合、書き直してもらうか、もう一度編集者が話を聞いたうえで、原稿を整理し、執筆者に一読願ったうえで掲載することも少なくなかった。元原稿より遥かにわかりやすい、風通しのいい文章に一変していた。

池島編集長が、「リーダイ」の編集法とともに思い切って採用したのは、ノン・フィクションであった。

東大の西洋史学科に学び、一度は歴史学者を志した〝歴史好き〟の池島は、満州事変から日中戦争・太平洋戦争へとつづいた十数年の日本人体験を、昔の人の一世紀、二世紀にも相当する波瀾に富んだものと受けとめたのである。

池島は、その体験を雑誌の記事にすれば、これにつながる話はみな自分におぼえのあることで、また異常な体験であるので、読んでみても飽きないだろうと分析したのだ。

その根拠は、次の通りだった。

戦後の激しい混乱時代には、普通の小説や読物ではなかなか読者をつなぐことができない。よい作品を読んで、静かに感動するというような時代ではない。なまのままの激しい思想の移り変わり、或いは個人の凄惨な体験が読者の心を打つ。いうなれば、雑誌の記事からいえば、ノン・フィクションの時代が来たものと思う。

事実に則した記録を掲載することだが、歴史を学んだ池島は、記録というものに強く惹かれる習性があった。では、その記録を誰にどのように書かせたらいいのか。

……一つの異常な事件があって、その事件からいくらも日が経たないうちにその事件を直接に経験、体験した人たちの記録を、歴史資料からいえば、一等史料というのだが、わたくしはこの一等史料をなるべく活字にして残しておきたいという気持があった。

過労から、湿性肋膜炎にかかり、四ヵ月近く自宅で静養した池島は、病が癒えて出社すると、旧軍人、思想犯、政財界人などに精力的に会い、またツテを求めて異常体験者に「いまだから話せる……」ヴィヴィッドな体験話を集めていった。

池島がふたたび出社した頃から、雑誌の六十四頁のワクははずされ、九十六頁になっていた。

昭和二十四年に入ると、池島編集長の新構想は一気に具体化されはじめ、その言動の一端が簡潔に記された日記にあきらかにされる。

一月七日、午後より編集会議。終って中戸川君を伴い阿佐ヶ谷河北病院に藤原審爾を訪う、なかなか元気。原稿十五日の由。

一月二十四日、三島由紀夫、梅崎春生夫妻来る。総選挙の結果、続々判明、共産党の大進出（四名より三十四名に増加）により急遽三月号の特輯を『知識人の入党問題』とし、安吾、渡辺一夫、赤岩栄あて手配す。

一月二十六日、大堀病院（注＝かかりつけの医師）レントゲン撮影、法隆寺炎上、石黒敬七来社、『男娼の森』を読む。国宝は焼けおかま出没、まことに亡国の様なり。

二月九日、大堀医院行、レントゲン写真出来、なかなか病気は簡単にゆかぬものなり、横峯健二君、鮫島君を伴い来社、二・二六の青年将校の手記を持参。

二月十八日、九時より鈴木貢、田川君と裁判所へ行き二十号法定にて平沢公判をきく、高木検事の真後でよく聞こえる。平沢、のらりくらり、芝居気たっぷりの演出なり。黒八、白二の印象なり、意外なるは法定訊問の言葉ていねいになること。被告を『あなた』と呼ぶ。

三月六日、菊池氏の一周忌追悼会、十時、幸ビルよりバス二台（四十名）で多摩墓地へ向う。快晴にしてさながらピクニックの如し。墓は清楚にして明るい。参拝後、直木三十五氏の碑に詣ず、すでに十数年墓碑も荒れ果て、感無量なり、昼食後、大映に寄り、胸像を見、三時より東日会館の会場へ向う。来客百七十余名、大盛会なり。

天皇陛下大いに笑ふ

文藝春秋新社は、昭和二十四年に入ると、俄然、活気を呈しはじめた。池島編集長の編集方針が、的確に紙面に反映し、売上げは好調で、発行部数は鰻のぼりによくなったからであった。

インフレ時代下であったとはいえ、二月前の二十二年十二月の池島の給料が、臨時手当四千八百円を加えても、八千円そこそこだったのに、二十四年一月のそれは、二万八千円に近い、三・五倍にハネあがっていた。

社の業績もよく、三月二十三日に創立三周年の盛大な祝賀会を開き、池島は『三周年記念賞与』九万円をもらっていた。そのよろこびの様は、岳父・岩下庄司宛ての手紙にも、あふれるように出ていた。


暖冬異変など云つてゐましたが、三月になつてから毎日寒く、子供たち風に気をつけてゐますが、みな元気のやうです。春休みも近く、晴子五年生、明子三年生になります。

今日はこれから会社の創立三周年で、盛大なお祝ひがあります。

出発当時は果たしてやれるかどうか心配でしたが、出来上がつてみれば何とかなるもので、まるで夢のやうです。

この頃は月に賣上げ千五百万円もあり、これでは年にすれば二億円の会社だね、と笑つてゐます。

創立当時十一人が、現在八十名、大した発展ぶりです。（三周年記念賞与、九万円もらひました。）

本日は小生の演説があり、大いにカブトの緒をしめるよう力説するつもりです。（後略）

社運が上昇気流に乗り、編集局長の池島信平が、八十名の社員に、ここで奢ることなくカブトの緒をしめよと演説をぶっている頃、「文藝春秋」は、五月号の編集をほぼ終え、六月号の原稿手配にかかっていた。

六月号には、目玉企画として「天皇陛下大いに笑ふ」が掲載されることになっていた。戦後、「文藝春秋」のスプリング・ボードの役割を果たすこの名企画は、池島の日記に記された三月六日の、菊池寛の墓参帰りのバスの中で立案されたものだった。

二台のバスを連ねて墓参りに行ったたが、池島の乗ったバスのすぐ前の席に、画家の宮田重雄がいて、持ち前の大声で陽気にしゃべっていたが、その声の中で、

「こないだ、ハッちゃんと夢声老と辰野大博士が、天皇さんのまえでバカばなしをしていて、陛下は生まれてはじめてお笑いになった……」

と話したのである。

池島は、咄嗟に閃くものがあって、

「それ、いきましょう……」

と言い、早速、御前放談会に出席したサトウハチロー、徳川夢声、辰野隆に連絡して、

「陛下の前でおやりになったと同じようにやっていただけませんか」

と注文したのだった。

まだ、戦争時下のいやな思い出をひきずっていて、天皇及びかつての特権階級に対し、

国民大衆の感情はとげとげしいものがあった。共産党が大挙、国会議員に当選していたし、知識階級、労働者階級の天皇制への批判の声が渦巻いていたのだ。

その時勢に、池島信平はあえて、御前放談会を企画したのだった。新社に新入社員として入社をした第一号の田川博一は、このとき池島編集長の身辺にいて、その題名をつける経緯を見ていたが、池島は読みやすい文字で一気に「天皇陛下大いに笑ふ」としたのである。

「陛下に対して、当然『笑わせ給ふ』とつけるところですが、池島は『大いに笑ふ』にしました。それが明るい記事に、さらに親愛感を与えました」

田川は私にそう述懐してくれたが、徳川夢声も「週刊朝日」の『夢声対談、問答無用』で池島に対し、次のように言っていた。

「あたしァ保守反動ですから『給う』をつけないとは、文藝春秋もずいぶん左だナと思った。（笑）あの記事をきっかけとして、天皇を支持しても、あんまり世間が反動よばわりしなくなりましたね」

歴史に学び、バランス感覚の鋭敏だった池島にして立案できた見事な企画だった。

「天皇陛下大いに笑ふ」は、当時のすぐれた編集者、ジャーナリストたちに甚大なインパクトを与えた。

「週刊朝日」編集長だった好敵手扇谷正造は、その衝撃を達意の文章で次のように書いている。

池島信平という名前が、イヤっというほど私の頭に刻みつけられたのは、確か昭和二十四年じゃなかったかと思う。いや或いは三年だったかな。

或る日のことだった。連載対談で、しょっちゅうお会いしていた辰野隆博士から、天皇陛下にお招ばれしたという話をお聞きした。よばれた方は夢声老、サトウハチロー氏、それに辰野博士の三人で、それこそ文字通りの閑談で、陛下は大いにお笑いになった、ということであった。

ずっと社会部で育った私には、この時、何かピーンとくるものがあった。

〈それ行け！〉

チカ、チカと明りがともった。同時に別な考えが、フーと通り魔のように、この灯りを吹き消した。

扇谷はこの時、〝進歩的見栄〟がブレーキとなって、掲載をとりやめてしまった。だが、三週間後に、「文藝春秋」全五段広告のメインに、「天皇陛下大いに笑ふ」が出ているのをみて、彼は切歯扼腕することになる。

口惜しかった。コンチキショウと思った。文春はこの号を境に飛躍的に伸びた。

文春と共に生きる

「文藝春秋」は、むろん、この企画一本で飛躍的に伸びたわけではない。昭和二十四年二月九日の池島の日記に記されているように、二・二六事件の手記を集めたり、昭和史の中に埋もれているノン・フィクションの発掘をはかり、小説より奇な実録を掲載していたからそれらが相乗効果となって、伸びていったのである。

生前、梶山季之との対談で、池島はその辺りを次のように語っている。

梶山　「文藝春秋」の部数がこんなに飛躍的にのびたのは〝天皇陛下大いに笑う《ママ》〟という……。

池島　あのへんからです。

梶山　それから確か、二・二六の何か。

池島　二・二六の手記も、いっしょでした。あれは、いろんなことをやっていくうちに掘り当てて、水が出たという感じですね。やっぱり、編集者が試行錯誤を繰り返した末に……。

梶山　あの号だけはとってあります。記念に。

池島　ぼくも、とても懐かしいんです。あれから「文春」はずっとあげ潮になってきた。一年に十万部ずつふえましたよ。前が八万、それがついに四十万以上になったんだから……。編集に調子がつくと、おもしろいほどふえます。

「文藝春秋」は、同類他誌が数万部台に低迷しているとき、その十倍近い頭抜けた実売を維持するまでになったのである。

気難しい佐佐木茂索社長にとっても、社運の隆盛は一入《ひとしお》のよろこびであった。そのころ、池島の机の上に、特徴ある筆跡の社長の走り書きが、封書に入って置かれていた。同じ社内にいて、面と向って言えばすむものを、謹厳怜悧をもって知られる佐佐木は、照れも手伝ってか、褒め言葉をユーモアあふれた書簡の形にして贈ったのであった。

君は本社編輯局長にして、文藝春秋編輯長を兼ね、精励カクキン（隔日に勤労するコトデハナイ――言海）よく部員を統督して、企劃周到、毎号必ず創意あり、従って毎号必ず相違あり、（当前《ママ》である）以て、讀者を嬉し、以て社運に甚だ寄与す、よって云々――と冗談はぬきにして文藝春秋は、こゝ二三ヶ月何處ででも非常に好評で、僕としても甚だ快よいことでした。尤も、『各号で跛行的であり物足りぬ月もある』（鶴見祐輔）といふ如き批評もあるが、概して毎号平均によろしく、編輯振りは毎月上昇して来たと僕は見てゐる。唯、かういふ編輯振りを継續して行く事は、非常に難事で、さうさう息が続くものではないと危惧されぬでもない。しかしやってやれぬことではないので、一に努力、二にも努力であらうと信じる。
社業の基礎は文藝春秋にあり。今後一層の御奮励を切望します。増刊の慰労も兼ね、些少ながら金一封呈上します。部員御一同と麦酒でも飲んで下さい。

七月五日　　佐佐木茂《ママ》

池島君

その生前、畏敬の念をもちつづけた佐佐木社長に、これほどの称賛をうけて、池島の喜びは大きかった。

池島は累進して専務となり、佐佐木の亡きあと社長に就任するが、専務時代に高血圧の発作に襲われ静養したことがあった。いつ死を迎えてもいい心の準備に、恩師の菊池寛に習って、ひそかに「遺言」をしたためたのは、第一回の発作の後であった。

原稿用紙一枚に、淡々とつづられた「遺言」は、次のように綴られていた。

いままで実に愉しくやつて来た。よき友、よき両親、そしてよき妻子にめぐまれて、この上ない生涯だつたと思ふ。殊に、文藝春秋と自分とは、もう訣れることのできぬほどの気持ちである。そして、もし再び菊池寛氏に会へることが出来たら、自分はどんなに満足だろう。（後略）

池島信平は、死後、あの世で恩師・菊池寛と会えるのを、夢見ていたようである。菊池寛を見たさに文藝春秋を受験し、入社するや人生と編集の師と仰ぐに至ったのだ。そして、文藝春秋で働ける身に、生き甲斐を抱きつづけて、「訣れることのできぬほど気持ち」にまでなっていたのである。

池島の死は、この遺書を書いた八年後であった。

遺書まで手に入れた私のこの評伝は、郁未亡人への取材を重ねるうちに深い信頼関係を確立した結果であった。

彼女は結婚前に取り交わした恋文まで公開してくれて、若い日の胸はずむ思い出を丹念に語ってくれたが、それから三十数年後に郷里信州の後輩、矢高則夫の斡旋で池島の三女夫妻・久保田誠一、照子と知り合い、私の仕事場へ訪ねて来てくれた。久保田と矢高が、東大の同窓だったことから、実現した邂逅《かいこう》だった。

その折、照子は、母親の郁が私の著書『雑誌記者池島信平』の取材の度に、夫信平との若い頃を思い出させてくれるので、とても楽しかったと喜んでいた旨、語ってくれた。

毒舌評論家　大宅壮一の涙

大宅壮一（右）と著者。

社会評論家で名を馳せた大宅壮一も、瞑して半世紀近くも経つと、その盛名もおぼろげになっている。

生前、マスコミ界では、〝毒舌評論家〟〝造語の名人〟〝偉大な野次馬〟として知られていた。

「駅弁大学」「太陽族」「口コミ」「一億総白痴化」等、一言で時代を象徴した傑作造語は、この大宅が造り出したものだった。

一見、強面《こわもて》てのコメンテーターは、飯田出身の私の前で、亡き長男歩の疎開地「飯田」の地名に、一瞬、涙ぐんだ……。

蔵書を開放

大宅壮一の名は、知る人ぞ知る時代になった。時代の流れが大きく変わる昭和四十五年（一九七〇）に、七十歳で死去している。

当時としては、この齢ですでに平均寿命を越えていて、激動のマスコミ界に、縦横無尽の活躍をした社会評論家だった。

その振り幅の大きな活躍ぶりに対して、〝偉大な野次馬〟〝毒舌評論家〟〝造語の名人〟など、時と場に応じてさまざまなレッテルが貼られていた。

造語では、「駅弁大学」「一億総白痴化」「太陽族」「恐妻」「口コミ」など、時代の流れ、世相をうがって、的確なたとえでまとめたものが多かった。

彼はまた、自らの評論活動の史料として集めた約三千種類、十八万冊の雑誌と、三万冊に上る書籍を、その死後、マスコミ界のために「大宅壮一文庫」として、おしげもなく開放したことで知られていた。

大宅が、雑誌や雑本のたぐいを、精力的に収集したのは、天下の野次馬の面目躍如の、次のような理由からだった。

「僕は本を集めるんでもな、図書館にあるような権威のあるものは集めないんだよ。つまらん本ほどいいんだ。或いは一時大衆の間に圧倒的に受けて、今はもうゴミダメの中にあるようなものがいいんだ。そういうものがネタになるからね。僕にゃ本来のものをコレクションする病気はないんだから、仕事の役に立つものだけを集めているんだよ」

自らの造語〝阪僑〟を自認する大宅壮一は、その生き方・主張に忠実に、実用一点張りの資料収集をし、その厖大な資料を事典の一項目を引くのと同じように利用できるよう分類していたのである。

「本は読むものではなく、引くものだ」の自説の実践だった。

その方法とは、雑誌や書籍の一つひとつの記事をカード化して、それを人物論に沿った「人名索引」と、事項別の「件名索引」に分類するシステムだった。

一例をあげると、情痴事件の「阿部定」を調べようとするとき、人名を引けばすぐ当時の月刊誌、週刊誌、単行本に書かれた彼女の閲歴が出てくる一方、「件名索引」の「犯罪・事件」の「性犯罪」の項目でもわかる仕組みだった。

この「件名索引」に大宅文庫の資料の特色があって「犯罪・事件」の大項目の下に「司法、刑」「警察、検察」「犯罪一般」「誘拐」「冤罪、迷宮入り」「外国犯罪、麻薬、密輸」「汚職、疑獄」「詐欺、横領」「殺人」「有名な殺人事件」「乗っ取り事件」「スパイ、亡命」「性犯罪」「強盗、ギャング」「窃盗」「放火、爆破」「恐喝、美人局」「侠客、暴力団」「諸事件」の小項目があり、その中に世間を騒がせた犯罪と事件が、ファイルされていた。

長男の学童疎開地

大宅壮一は、死に先だつ四年前に、東京マスコミ塾を開講していた。全マスコミに、蔵書を開放したこととともに、日本マスコミ史に残る快挙であった。彼が松下村塾のような私塾を開いたそもそもは、ひとり息子、歩を三十三歳の若さで喪っていたことからだった。歩は、塾を開く一年前の昭和四十一（一九六六）年に急逝したが、わが子に先だたれた大宅の精神的打撃は大きく、はた目にも健康が危ぶまれたほどだった。

やや気をとりなおした二ヵ月後、彼は『大宅歩の叛逆と死』の一文を書き、その中で歩の母親との結婚のいきさつから、命名の由来、幼児から小学生、中学、高校、大学を終えるまでの息子の軌跡と、父と子の関係などを、満腔の思いをこめて綴っていた。

その中に、次のような箇所があった。

歩が三年生のとき太平洋戦争がはじまり、次第に戦局が悪化してきたので、歩たちは、長野県の飯田市に疎開した。私は、旅行のついでにそこへ訪ねていった。疎開児童は寺に住み、元気そうに騒いでいた。

私は先生の許可をえて、歩を連れ出した。二人で見知らぬ町を歩きながら、何度も戦場へ行ったことのある私は、こんど別れたら、いつまた会えるかも知れない、という気がした。あるいはこれが最後になるかも知れぬという予感におそわれた。

そのとき、私は何を歩に話したか、いまは覚えていない。だが、歩が彼の娘にあてた遺書に〝同じことを二〇年前おじいさんがぼくにいって戦争にいったことがあります〟という文章があったところを見ると、そのとき私は、私をおそった予感のことを歩に話したのかも知れない。


大宅壮一が、息子の歩と見知らぬ町の飯田市をあるきながら、この時、言った言葉は歩の、娘裕子に宛てた「遺書」から判断するとおおよそ次のようなものだった。

「もし万が一不幸にしてぼくが死んで片親の子になったとしても、ひがまずによく可愛がられる子供になりたまえ」と。

大宅自身は、日中戦争が始まった昭和十二年（一九三七）から翌年にかけて、従軍記者として上海、香港、北京、徐州、南京、広東など中国大陸を歩きまわり、四年後には、関東軍に招かれて満州へも渡っていた。

その年、太平洋戦争が勃発すると、開戦直後にジャワ派遣軍宣伝班に徴用されて、翌年一月、ジャワ作戦に参加。乗っていた佐倉丸が撃沈されたため、バンタム湾の重油の海を泳いで、九死に一生をえていた。

この徴用で、一応の訓練をうけ、いよいよ明日出発という夜半に、大宅は自分用の原稿用紙に、墨痕あざやかに、長男歩と洋子、映子の二女に次のような遺訓を書きのこした。

コドモタチヘ
一、オカアサンノイフコトヲキケ。
一、モノヲタイセツニセヨ。
一、ケンカスルナ。
一、ヨクベンキョウセヨ。
一、リッパナヒトニナレ。
一九四二年一月一日　　父

歩はその時、小学校四年生で、娘二人はまだ何もわからない幼な児だった。父壮一は、その三人を膝もとによび寄せ、遺訓を示して、

「朝起きてからと夜やすむ前にこれをよむこと、わかったか」

と、同意を求めたのだった。

長男の歩には分厚い百科事典を手渡し「わからないことは、これでしらべて勉強してくれ」と、言い添えた。

歩は涙ながら、細い両手で受けようとしたが、百科事典は十歳の少年の手にはいかにもてあますほどに重かった、と昌夫人は回想している。

飯田に寄せる思い

私が大宅壮一の知遇をえて、編集をつとめる週刊誌の対談や座談会への出席、コメントを求めるようになったのは、七十歳で生涯を終える壮一の晩年の十年ぐらいだった。

初見で、大宅は一介の編集者に胸襟を開いてくれたが、それは私が、飯田市の出身だったことと、竜丘出身の岡村二一（東京タイムズ社創業者）、熊谷寛（ロマンス社創業者）に関係が深かったからだ。

岡村は、戦前、同盟通信の敏腕記者として、近衛政権の外相松岡洋右が演じた「日ソ中立条約調印」の国際的大スクープをやってのけていた。大宅は、この岡村と親しかったのである。

戦後の昭和二十年前半、日本の出版界を席巻したロマンス社の熊谷寛とも、同社の出版局長福山秀賢を通じての知り合いで、その関係から、長女をロマンス社へ務めさせていた。福山秀賢は、昭和の初期、中央公論社の「婦人公論」編集長のとき、エリート志向の高かった同誌の内容を、大衆路線に切りかえ読者を倍増させた敏腕編集長だった。

彼は読者獲得の方法として「婦人公論」主催の読者講演会を、全国各地で開き、同誌上でお馴染みの文化人を講師に派遣して好評をえていた。たまたま、富山市の講演会へ出向いた大宅が、会場で見染たのが、長男歩の母となる奥田昌であった。

福山は、大宅と昌夫人との実質的な月下氷人役を担っていたわけで、ロマンス社へ先妻との間に生まれた長女を入社させていたのも、福山との二十年来の交友関係からだった。しかも長女は、同社の制作部に務めていた東大出身の安達義幸と恋愛結婚をしていて、大宅とロマンス社は見えない紐で幾重にも結ばれていた。

大宅壮一の長女には、詰め襟を着た苦学生風情の私は何故か目にかけてもらった。ロマンス社の出版部は、当時、銀座西五丁目の並木通りに面した代理部の一隅にあり、福山秀賢部長の下に、何人かの部員が所属していた。大宅の長女もその一人だった。

同郷の先輩が出版部に居たことから、私はよく訪ねていたが、昼近くに顔をだしたりすると、

「塩澤クン、お食事に行きましょう」

と声をかけてくれ、隣の三笠会館や銀座通りの資生堂パーラーに連れて行ってもらった。社長秘書の山田女史が退社したことから、急遽その後釜に座った苦学生に、彼女は同情する心配りがあったのだろうか。山国育ちの田舎ものにはその頃、ぜいたくな珍味のメンチカツやコロッケをご馳走してくれた。

私は七十年後のいまも、この女性のあたたかな気配りを心にとどめている。

それ故、初めて会った私が、ロマンス社に勤めていたことや、飯田市出身で岡村二一、熊谷寛の後輩である旨を口にすると、すぐうちとけた態度を示してくれた。

飯田には、特に深い関心をあらわして、

「ああ、飯田ね。……飯田は長男の歩が疎開していた町でね。ぼくは戦争末期に会いに行ったことがあるな」

と、遠くへ視線を投げて、当時を回想し懐かしげに、

「城跡の小高い丘があったな。ぼくはたしかあの近くの旅館へ泊って、歩を疎開先の寺から連れ出し、あの小高い丘あたりを散歩した……。夕日が赤々と空を染めていたことをおぼえているな……」

と、長男歩と今生の別れになるかも知れぬ飯田での散歩を、感情をこめて話してくれた。

父子、夕日の丘を行く

一代の毒舌評論家が、夕日に特別の思い入れがあったと知ったのは、大宅の死後、門下生の書いた追悼文を読んだことからだった。

評論家の扇谷正造の『夕陽のペンマン』には、次のように書かれている。

晩年の大宅さんは夫人の話によると、長男歩君を失ってからは、赤々と沈む夕日をなが

めながら、何もいわずに涙を流すことがあったそうである。それは、いったい、どういう涙だったのだろうか。私はひどくうたれた。たぶん亡くなった歩君のことを思ってのことかも知れない、と昌夫人はいっている。

歩君が小学校四、五年のころだったろう、学童疎開で長野県の飯田の小学校に在学していた。東奔西走の合間をみて、大宅氏は、よく飯田に出かけた。親子二人、飯田の街を歩きながら、父は息子に、『男というものはな、いさぎよくなくっちゃいけない』とか、『酒と煙草はほどほどにな』などといってきかせた。氏自身いつどこで死ぬかわからない。話がそれだけに真に迫っている。小学生の歩君は『ウンウン』とうなずいてきいている。そういう思いが氏の落涙を誘っているのでもあったろう。

門下生の大隈秀夫も『大宅壮一における人間の研究』で、やはり夕陽の件を、次のように回想していた。

……昭和十九年、太平洋戦争の戦局が大きく傾をみせていたとき、小学校六年生の歩は長野県飯田市のお寺へ学童疎開した。（中略）ある日、ふらりと新宿へ出た大宅は無性に飯田に行きたくなり、中央線の列車に乗った。女の子を四人も恵まれた大宅だが、息子は歩一人しかいなかった。飯田へ着いた大宅は、疎開先のお寺から歩を誘い出し、田舎道を歩いた。父親は息子に男の生き方について諄々と説いた。（中略）

大宅の肩よりも低い身長の歩は、いちいちうなずいていた。二人が歩いていく田舎道の前に夕焼が真っ赤に空を染めていた。歩が夭折したあと、大宅はこのときの光景をしばしば思い出したという。それが人知れず流す涙につながったというわけである。

大宅壮一は、歩と歩いた道は、長姫城跡の小高い丘だったと、私には話してくれている――その時に見た夕陽は、伊賀良は笠松山あたりの虚空を茜色に染めていたのだろうか。三十三歳の若さで死去する歩だったが、彼は亡くなるまで、飯田を第二のふるさとのように懐かしんでいた。

母親の『歩よ今は安らかにねむれ』には、そのあたりが、万感の思いをこめて、次のように述べられている。

歩さん……あなたの脈がきえそうになったとき、歩さーんと声のかぎりによびつづけたのに、とうとうあなたはなくなってしまった。(中略)小学校を卒業するころは、戦争のまっただなかでしたね。あなたはリヤカーで寝具などを運び、長野県の飯田市に学童疎開をしました。あの時はつらかったでしょうか。けれどもあなたは、なくなるまで飯田市をふるさとのようになつかしみ、疎開した友だちと飯田へ訪ねて行きたい、と口ぐせのようにいっていましたね。

あの戦争末期の人心が荒廃していたときに、飯田市の人々の疎開していた学童に寄せた心配りが、歩の心に最後の日まで「ふるさと」の温みを伝えていたのだろう。

大宅歩が学童疎開をしていた寺は元飯田高女の裏にあった大雄寺で、通学したのは浜井場小学校だった。

疎開児童だけの級がおかれていて、歩は頭抜けて成績のいい生徒だった。

「先生が不在の時には、彼が教壇に立って復習の指導をしていたことを見ています」

とは、当時同校に在学していた飯田育ちの西川冨次男の回想である。

今太閤　田中角栄の無念

田中角栄（右）と著者。

学者・官僚の分野で頂点に立つには、少なくとも最高学府で学んでいることが条件である。

だが、政界、財界の分野は、必ずしも最高学府卒の属性は必要にされない。

とはいうものの当今、正規の学歴が小学校だけで、政治家のトップ、内閣総理大臣の印綬を帯びたのは、新潟の寒村出身の田中角栄だけであった。

「金権で政治を壟断した」と言われたが、角サンが今太閤に登りつめ、一気にその地位から失墜したのはなんであったのか。

一代の梟雄

田中角栄は、昭和きっての梟雄《きょうゆう》だった。無学歴の身で、五十四歳にして一国の総理大臣に就任し、金権で日本のまつりごとを壟断《ろうだん》した。

かつての仇敵石原慎太郎のベストセラー「天才」などの影響もあり、いまあらためて角栄待望論が起きているが、彼ほど毀誉褒貶《きよほうへん》の振幅が大きな人物は昭和史上にはみられず、その落差でも一代きっての人材だったといえる。

田中角栄のプラスのイメージを列記すると、「今太閤、庶民宰相、人情家、抜群の政策マン、頭の回転の早さ、コンピューター付きブルドーザー、新時代のヴィジョンを持った政治家」といったことになろう。逆に、マイナスのイメージをあげると、「金権悪徳政治屋、浪花節感覚、政策的無能、無教養、思いつき政治、ヴィジョンなし、清潔さに欠け下品」といった、プラス・イメージをくつがえしてあまりある評価となる。

直に会った感じでは、頭の回転が早く、計数概念に明るく、人情の機微に通じ、庶民性にあふれたやり手のイメージが強く、風圧を感じるほどの迫力ある人物だった。

記憶力は抜群で、初見の私にも名刺をちらり見て名前を覚え「塩澤クン」と固有名を口にする掌握力で、私を感激させた。

貴族型政治家の吉田茂は、田中角栄を評して、
「刑務所の塀の上を歩いているが、あの男は不思議と内側へ落ちないね」
と言ったそうだが、ロッキード事件で逮捕されるまでは炯眼なワンマン評が当たってい
たといえるだろう。
この戦後きっての梟雄の仮面を完膚なきまでに剥《は》ぎ取ったのが、これまた戦後きっての
犀利な評論家立花隆であった。栄光の頂点にあった田中角栄を、首相の座からひきずりお
ろすきっかけとなったのは、立花が「文藝春秋」誌上に発表した「田中角栄の研究—その
金脈と人脈」だった。
オイルショックで揺れた昭和四十九年の「文藝春秋」十一月号に、「淋しき越山会の女
王—もう一つの田中角栄論」（児玉隆也）の記事とセットで掲載された特集だった。
この二本の特集記事の、内外に巻き起こした衝撃はすさまじかった。
『74年出版年鑑』をひもとくと、その年の読書界重大ニュースのトップに文春特集をあげ、
次のように解説していた。
…発表間もなく騒然たる話題を呼び、結果として田中内閣崩壊の原動力となった。この
大ヒットはライターの手腕もさることながら、文藝春秋の長い伝統と編集部のプラン、決
断の勝利であり、雑誌ジャーナリズムの快挙として永久に記録されるものとなった。

「文藝春秋」のその当時の編集長は、田中健五であった。海軍兵学校に在学中、敗戦となり東大独文科に学び、文藝春秋新社へ入社した英才だった。

「文藝春秋」編集部に勤めた後、オピニオン雑誌「諸君！」の創刊編集長に就任。ホンネとタテマエの乖離《かいり》しない新しい総合雑誌を拓いた上で、昭和四十七年から看板雑誌の「文藝春秋」編集長に就いていた。

鵺《ぬえ》のような自民党

田中健五が月刊の「文藝春秋」編集長になった年は、八年に及んだ佐藤栄作総理が退陣し、田中角栄が大方の予想を裏切って、自民党総裁から首相の印綬を帯びるまでになっていた。

田中は小学校を終えると、昭和九年に新潟の寒村から裸一貫で上京し、土建業者として成功した後に、政界に打って出ていた。そして、激動の戦後の政界を地盤も持たない身で巧みに泳ぎ、わずか五十四歳の若さで宰相にまで昇りつめていた。

その足取りから〝今太閤〟と称賛される一方、天才的とも思える錬金術で政権を簒奪《さんだつ》した、と噂されていた。立花隆は、このあたりを次のように述べている。

田中内閣の誕生時を思い出していただきたい。その男が史上空前の札ビラをまいて、票を買収することによって首相の座をかちえたのだという事をみんなが知っていながら、この男を〝庶民宰相誕生、角さんおめでとう〟の大合唱で国をあげて祝福してやったのである。田中内閣の支持率は戦後最高の六二パーセントを記録した……云々。

田中健五は、発行部数が五十万部を超え、五十年の歴史と伝統を持つ総合雑誌編集長として、誌面に新機軸をこらすべく腐心をしていた。

前任の「諸君！」編集長時代には、タブー視されていた共産党の無《む》謬《びゅう》神話を崩し、創価学会の池田大作の虚像を剥《は》ぐなど、大組織に果敢な斬り込みをかけて、売れゆき部数を伸ばしていた。

月刊「文藝春秋」へ移ってからも、その編集方針は踏襲しようと考えていた。大組織を叩く編集の手法は、文春中興の祖で名編集長と謳われた、池島信平直伝のものだった。

田中健五が、企てたのは次の通りだった。

「日本の政治を壟断する自民党をとりあげてみようと考えたのですが、自民党は組織ではないから、やりようがなくて困りました。」

五つ六つの派閥から成る鵺《ぬえ》のような集まり方で、共産党、創価学会といった一枚岩の組織に較べると、とりとめがなくて裁断しようがない政党だった。

昭和四十九年のことだった。田中健五は、元文藝春秋の社員で、今は気鋭のフリーライターになっている立花隆と、「なにか面白い話はないか」と社内の廊下で立ち話をしたことがあった。

立花は、社の先輩の問いかけに、

「角栄が面白いですよ。金の面をつつけばね」

と、こともなげに答えた。

立花は講談社の「月刊現代」の仕事で、自民党の取材をしている過程で、戦後の中選挙制度を手玉にとった田中角栄代議士の端倪《たんげい》すべからざる錬金術をのぞき見していた。立花の説明によると、政治家田中角栄の権力形成に沿って、昔からの話を逐次掘り起こしていけば、戦後、自民党政治のケーススタディとして、面白い話になるとのことだった。

「じゃあ、それをやろうよ」

田中編集長は、立花の助言に鵜のような自民党を斬る特集のイメージをつかんだ気持ちで、気鋭のライターに取材を依頼することにした。

当時を回想して、田中健五は私に次の様に語っている。

「はじめは、大がかりなものではなかったですよ。二、三の記者が法務局などへ足を運んで調べてみると、話がどんどんふくらんでいくのですね」

取材網は肥大する一方で、二ヵ月間の取材活動の間に、のべ二十人を投入する一大プロジェクトになった。

田中内閣崩壊

田中健吾編集長は、立花班に田中角栄の金脈と人脈を追わせる一方で、光文社「女性自身」出身のフリーライター児玉隆也に、角栄の陰の女と目される佐藤昭の話を書いてもらい、表裏一体の特集を組むことにした。

佐藤昭は、当時、角栄の政治団体越山会の女王として君臨していた新潟出身の秘書だった。親分との間に生臭いモロモロの噂もあり、児玉は「女性自身」時代に二人の関係の記事をまとめたが、右翼くずれのアウトサイダー作家川内康範と、自民党サイドに立つ角栄の走狗《そうく》的評論家の執拗な干渉を受け、もみ消されていた経緯があった。

話が人間的な側面を描く生々しい内容だけに、田中編集長は佐藤昭の周辺を立花の記事と同時に発表すれば、相乗効果を発揮するだろうと考えたのである。

――日本の出版史上で、強力な一内閣を崩壊に追い込む特集企画は、ここに取材の方向が定まったのである。

取材を開始すると、すぐ、社の上層部や広告サイドを通してのプレッシャーがかかってきた。政治評論家、現職の大臣、大手広告代理店のお偉方などが、田中健五編集長に接近し、あからさまな懐柔《かいじゅう》の挙に出てきたのである。

編集長は、それらのプレッシャーに、意外とあっけらかんとしていた。

二ヵ月をかけたプロジェクトの成果は、立花、児玉の筆力によって、読み応えのある原稿にまとまった。

「原稿は二本で百八十枚ありました。六十ページの大特集です。読んでみると、相当調べてあるなの感触がありました。しかし、公人である総理に名誉毀損の権限ありやを調べ、フィニッシュする時には、事実関係には非常に注意をし、どちらかというと児玉さんの佐藤昭さん関係の記事に気をつかいました。」

昭和四十九年十月十日に、その号は発表された。田中健五は、自宅のある赤羽から池袋、新宿回りで勤め先の四谷への通勤ルートをとっていた。

池袋と新宿で乗りかえをするわけで、その折、キヨスクで、毎月の売れ行きを定点観測するのが恒例になっていた。

「十月は、雑誌の山の減り方がかなり早かったので、ひょっとすると相当いい線を行くなと思っていました。結果は四％の返品率でした。ほとんど完売に近かったのは、十月二十二日、東京・丸の内の外人記者クラブで、この特集に因んでゲストスピーカーに招かれた田中首相が、外人記者の質問に『文藝春秋は嘘をついている！』と答えたことから、日本の新聞記者が一せいに記事にしたからでした。」

以来、新聞、週刊誌、ラジオ、テレビと、すべてのマスコミが、田中金権問題に集中し、報道はこの一色に塗りつぶされるところとなった。

騒然たる話題と、金権を批判する耳を聾する巷の声の前に、田中首相は十一月十一日、首相官邸で記者会見に臨み、必死に金脈問題の釈明をこころみたはずなのに、聞くも無惨な結果に終わってしまった。それは釈明のヤマ場で、資産形成をめぐる疑惑の答えに象徴されていた。

私は、だからね、アノー違法性はなくて、妥当性のある行為しかやっていませんよ。私はきょうまでそういう生き方でやってきたつもりです。ですから、「文藝春秋」がどのように悪ラツな、悪ラツなことをして儲けてきたんだ、というふうに書いてあるとすれば、〝そういうことはございません。こういうことです〟と、ちゃんと答えます。

それはね、アノー、やり方によってはね、金儲けできることもあると思うんですよ（中略）あの土地が欲しかったらね、その隣に一坪買って、そこで毎日毎日、ガンガンガンガンと、製カン工事をやっときゃね、うるさくて隣はタダでも売るよ、というようなね、まあいろんな、そういう無法な、不法な……。

このあけすけな言葉には、国の総理としての品性、矜持はもとより、紳士の体面の片鱗もみられない無惨さだった。

田中角栄内閣は、この釈明の半月後の十一月二十六日に崩壊に追い込まれるのである。

麻生和子が語る　父吉田茂

麻生和子（左）と著者。

塩澤実信の著書「人間吉田茂」（光人社NF文庫）

昭和と平成の九十余年は前半が戦いにつぐ戦いの日々であり、敗戦後は連合軍の占領下、国民は塗炭の苦しみを余儀なくされた。

食糧難で生命を維持するだけに喘ぐ日々だったが、その危急存亡の秋《とき》、七十代の高齢で宰相の重責を担ったのが吉田茂であった。

葉巻を銜え、傲慢不遜のワンマンと見られたが、行動を共にした娘の麻生和子によると、稚気愛すべきエピソードの持ち主で、〝碧眼の大君〟マッカーサー元帥との友情も、茂の一言から芽生えたものだった。

記者嫌いの娘

無為無策の政治のツケが、国民の上に重くのしかかって来ている時代と言っていい。無能なリーダーに引っ張られる時代の国民は不幸だといわれるが、昨今の歴代の総理の顔ぶれをみると、よくもまあ、この程度の政治家で、総理の印綬を帯びたものよと、あきれ果てる方もいる。

昭和と平成時代には、若槻礼次郎から安倍晋三までに（一次・二次は一人に数える）昭和三十一人、平成で十六人の宰相を輩出させている。二代に跨り竹下登が登場していて、後世の人が見るとき、その顔ぶれの中には、優柔不断の公達《きんだち》、三百代言まがいの輩、利権屋、愚将、三本指で芸者を口説いた阿呆、連立政権で宰相に就くや、政党の政策を一朝にして、反古にした危機管理能力ゼロのノー天気屋、あるいは、沖縄普天間基地を「最低でも県外」と言いつづけ退陣した幻滅屋。市民運動家上がりの行き当たりばったりの軽輩などと、ワーストにかけては話題にこと欠かない面々が、時の勢い、派閥の力学や都合で、総理大臣に祭りあげられているのがわかる。

その中にあって、一頭地を抜いた存在が吉田茂であった。彼が現代史上でひときわ偉大にみえるのは前後の宰相の多くが、特殊な利益集団とか一部の権益を代弁する軍人や官僚などの類であったことにもよるだろう。

私はこの吉田茂の八十九年の生涯に興味を抱き、すすめられるままに「人間　吉田茂」をまとめたことがある。亡くなってから二十年後の執筆で、厖大な資料に恵まれてはいたが、生前の吉田の肉声から身辺を知る人は多忙な政治家が多く、取材は困難だった。

その中で絶対に会わなければならない人が、吉田茂の娘で父と起居を共にしていた麻生和子であった。ところが、資料を渉猟するうちに、吉田茂の評伝や身辺を執筆した者のほとんどが、麻生和子に会っていない事実を知り万難を排してでも会うべきだと念じた。

吉田茂関係の著書や資料から、和子の肉声が聞こえて来ないのは、名うてのマスコミ嫌いで、吉田が新聞記者にコップの水をかけたのに対し「母は水どころかコップを投げつける方ですよ」と三男の麻生泰が折り紙をつけるほどの記者嫌いだったからだ。

政治家吉田茂の功罪については、汗牛充棟《かんぎゅうじゅうとう》の感があるほど資料にあふれているのに、人間としての素顔は意外と知られていない面があり、それゆえ和子の取材が可能だったら、ワンマンの意外なエピソードが拾えるはずと考えられた。

ツテを求めて三男麻生泰に会い、母和子への紹介を願うことにした。きわめて紳士的な彼は、紹介の労をとることは約束してくれたが、コップを投げつけるほどのマスコミ嫌いであることを告げた上で、

「多分、ご期待に沿えないと思いますが、その時はご容赦下さい」

と、インタビューが難事の感触を、前もって釘をさしていた。

自ら設計した豪邸

数日後、麻生泰から電話で直に、取材が可能であることを知らせてきた。私は意外な成りゆきに、一瞬、小躍りする思いだった。

しかし、気に入らない質問や話の進捗の上で、気に障ることもあり突如インタビューを打ち切られるケースがあるやも知れず、その節は悪しからずという言葉も添えられていた。

面晤《めんご》の場所は、渋谷区の松涛町の自邸だった。ここは、吉田の岳父牧野伸顕邸に隣接していて、パリ講和会議に牧野伯爵の随員として渡欧した折、「隣にいい地所があるから買わないか」とすすめられ、「買ってもいいが、牧野家の玄関番はいやですよ。牧野邸よりもっと大きければ買いましょう」と言って、岳父の伯爵邸より広いので買った、といわれる場所だった。数年はそのままにしておき、関東大震災のすぐ後に、吉田自らが設計し、義父吉田健三の莫大な遺産を投じて、竣工していた。

純イギリス風の瀟洒な大邸宅で、靴を履いたまま室へ上がれるようになっていて、信州は飯田在に育った者には、ちょっとしたカルチャーショックを感じさせるたたずまいであった。

挨拶もそこそこに、私は御大自身が設計したという、この邸宅から話を広げていった。

麻生和子は先入観とは裏腹な気さくさで、「この家を建てている時、父と母が大変な夫婦ゲンカをしましてね。十万円の予算で建てる予定でしたのに、できてみると十二万円になったと、父がとても憤慨して母を叱ったことからのモメごとでした」と、いきなり下世話な夫婦ゲンカのエピソードからのスタートだった。

私の緊張感は冒頭のこの話によって、かなりほぐれたものになった。

吉田茂は、自邸を建設中の大正末期、中国の天津や奉天の総領事をしていて日本にはいなかった。それで雪子夫人に建築の進行を一任していた。

数千円もあれば中流の文化住宅が一軒建つという時代に、十万円の建築予算は法外な額だったが、金銭に疎い雪子夫人は、その予算をはるかに超えた十二万円の豪邸を建ててしまったのである。現在の金額に換算すると、十億の予算を二億円もオーバーしたとみていいだろう。

その話を聞きながら、想像を越えた豪邸の造りはいかがかと、左右に視線を走らせてみて、応接室の窓の枠が障子の枠程度の小ささであるのに気づいた。ゆったりとした一枚ガラスで中から外景が眺められるのが豪邸の常なのに、この細やかさは理解に苦しむところだった。

和子は、私のその疑念を忖度《そんたく》したのか、張りのある声で、

「窓が小そうございましょう。これは大震災の時、父が箱根の富士屋ホテルに滞在していまして、地震の瞬間、一枚ガラスの窓が粉々に砕ける様をみて『大きいガラス窓は危険だ』

と、特に注文して、細かい桟で枠を作らせたんです」

と、説明してくれた。

マッカーサーとの友情秘話

吉田茂というと、気丈一方で傍からみるととりつく島もない傲慢不遜のワンマンと思われているが、娘の麻生和子にとっては、稚気愛すべきエピソードに充ちあふれた父親であったようだ。

公私の区別は截然《さいぜん》として、好き嫌いのはげしい、嫌った人間とは隣り合わせても口もかない人柄だ。軍刀を佩《は》いて、肩で風を切って歩くような〝軍人風情〟は嫌った。が、日本人・外国人を問わず生粋な軍人とは、気が合い親しくなった。

吉田の言葉によると、次のようなタイプであった。

「この人たちは軍人といいながら、一般社会的教養のある人が多く、それに何よりいいのは、理窟をあまり弄さないことだ。」

日本占領下、〝碧眼の大君〟マッカーサー元帥と深い友情で結ばれたのも、彼が生粋の軍人だったからだ。

占領下の絶対の権力者であるマッカーサーと、その隷下《れいか》にあった日本の宰相吉田茂とが、心を許し合う人間関係を結んだそもそもは、娘・和子の言葉によると、敗戦から日の浅い幣原内閣の外務大臣として初めて元帥を訪問した折に、次のようなやりとりがあってからだという。

元帥は、当時は皇居を見下ろす堀端の第一生命本社を接収したＧＨＱの総司令官室に、昂然とかまえていたが、占領下日本の外務大臣に最初の引見をした折りには、広い執務室を大股に行ったり来たりしながら、高圧的な口調で、次々に占領政策を命令するのだった。

その姿を見ていて吉田茂は、思わず噴き出してしまったという。

矜持の権化のようなマッカーサーは、その無礼な笑い声に足を止め、

「何がおかしいか！」

と、詰問調の咎めを、座っている吉田の頭上に投げつけた。

ところが、吉田は少しもあわてず、鼻眼鏡の奥の眼を柔和に細めながら、英国仕立ての上品な英語で、次のように答えたのだった。

「いや元帥、動物園の檻の中のライオンをご覧になったことがありますか。元帥が室の中を右に左に歩かれていると、私はちょうど、あのライオンの檻の中で説教されているような気がして、それで笑ってしまったのです」

帰邸後、父からこの話を聞いた和子は、

「占領されている国の外務大臣でございましょ。元帥は、こんな日本人にはじめて会った

とばかり、呆気にとられて父の顔を一瞬にらまれましたが、とうとうご自分も笑いだされてしまったというのです。父とマッカーサーの深い信頼関係と、友情が結ばれたのは、この一件があってからでした」

と、意外なエピソードを披露してくれたのだった。

吉田は、〝碧眼の大君〟の後ろ楯を得たことにより、宰相になった後、ゆるぎない日本政治の支配権を握ることが可能となったのである。

娘の和子が、三女の身で嫁ぎ先である九州の麻生家から、急遽父に呼ばれて三十時間もかけ上京したのは、敗戦間もない頃だった。敗戦後の混乱の乗り切りを図った初の皇族政府・東久邇内閣の外務大臣を命じられたからだ。

麻布市兵衛町に焼け残った原田積善会建物を借り上げ、外務大臣官邸とした仮の住いに、吉田と和子は起居をともにすることになったが、吉田が娘の和子に最初に言った言葉は、

「日本は軍事力に負けた。けれど今度は舌一枚で勝ってみせる！」

という、外交交渉で敗戦日本の政治を立て直し、緊急な重大問題である国民を飢餓から救う、並々ならぬ決意の表明だった。

その言葉を聞いて和子は、咄嗟に次のような決意をしたのだと私に述懐した。

「私は、紙クズ篭がわりになって、父が安心して話せるようになろうと考えました。父がなにを言っても、私までで止める。話せばストレスの解消になりますしね。だから私の方

からあまりしゃべらないようにつとめました」

　この紙クズ篭には、戦後の日本政治史の核心にふれる重要な問題があたかも反古のように詰まっているにちがいなかった。が、和子は最晩年に「父吉田茂」を語り下した他は、政界の内幕にはかたくなに口を閉ざしたままで、逝去している。

　戸川猪佐武の「小説吉田学校」が当時ベストセラー街道を驀進中だったので、「お読みになりましたか」と問うと、手を左右に振って、

「いいえ、読んでいません。ずいぶんでたらめなことを書いているようですが、あれは小説でござんしょう。私は取材は受けていませんし、申し込まれても多分お逢いしなかったでしょう。私がいままでに取材を受けて父のことをお話申し上げたのは、英国の学者さんだけですよ」

　と、語ってくれた。

宋美齢と女の戦い

　和子は、長時間にわたるインタビューの中で、父親ゆずりの気性の激しさと、巧みなユーモアのセンスを随所に感じさせてくれたが、その圧巻は中華民国の蒋介石夫人宋美齢との

一件だった。

それは、政界から引退していた吉田に、彼の部下から育って印綬を帯びた池田勇人総理から直々の懇請があって、蒋介石総統との会談に台湾へ出向いた折の〝女の戦い〟だった。

ことの起りは、中国から日本を訪れていた油圧機器訪日団の通訳周鴻慶が、在日ソ連大使館に駆け込んで亡命を求め、当初日本を亡命先にえらんだものの、途中で行き先を台湾に変え、二転三転した後に、中国側に説得されて結局は母国へ帰った問題のトラブル解決だった。

国民政府は「周鴻慶の亡命を断念させたのは日本政府ではないか。これによる結果にたいしては、日本政府が全責任を負うべきである」との強硬な抗議声明をつきつけてきたのである。

すでに隠棲の身であった高齢の吉田に、こんな厄介な外交交渉を辞退する口実は、いくらでもあった。しかし、敗戦直後に蒋総統が「徳をもって怨みに報いる」の声明を発表して、日本兵及び邦人を捕虜にしないで、総力を挙げて送り返してくれた総統の高恩に報いるべきとの思いが、明治人間の吉田茂にはあった。

吉田は、和子らを連れて台湾へ急遽飛んだ。二月二十四日に総統府で第一回の会談、二十五、六日は台湾中部の景勝の地、日月潭の涵碧楼で、蒋総統と膝を交えて話し合った。

三回目の会談で、おおむね話し合いはついて、あとは非公式の会談となり、食事のときに和子と蒋介石夫人宋美齢も同席することになった。孔祥熙夫人の宋靄齢、国父とあがめられる孫文夫人宋慶齢の二人を姉に持つ宋美齢は、アメリカで教育を受けていて、高慢を絵に描いたようなタイプの女性だった。

向こう気とプライドにかけては、麻生和子もひけをとらない女傑である。

「蒋介石総統という方は、大らかなおやじのような方なんですね。ところが、宋美齢夫人はとても高慢な方で、最初から私とチャンチャンバラバラをしてしまいまして……」

和子が我慢らならなかったのは、総統が中国語で話すのを、宋婦人がかならず英語で通訳することだった。戦前、父の茂が英国大使時代に英国に滞在し、英語は身につけている和子だった。宋美齢のアメリカナイズされた通訳は、邪魔以外のなにものでもなかった。

和子はその時反発を感じて、蒋介石が日本の陸軍士官学校に留学経験のあることを思い出し、

「総統閣下、日本語はおわかりになりますか」

と聞いたのだった。

「ワ・カ・リ・マ・ス」

総統はその問いに、はっきりと日本語で、一言一言区切るようにして答え、一呼吸おいて、

「言われたことはわかるが、自分で話すのはすっかり忘れてしまった」

と、中国語でつけ加えたのだった。

「では、私の逆でございますね。私は中国語は忘れましたが、相手のお話になることはわかります。ですから、私が日本語でお話しますから、総統閣下は中国語でお話して下さい

ませんか」

と、提案し、でしゃばりの宋美齢の介在なしで、自由に話し合ったのだった。

「私は、総統と父、そして私の会話に宋美齢夫人が口出しをできなくして、〝ざまァ見ろ！〟と思いましたよ。……でも、帰国すると後を追うように夫人から手紙が参りましてね、『あなたと、もう少し話し合ったら、お互いに理解することができたでしょうに……』と書かれてありました。向こうの方が一枚上手だと、恥じ入る思いがしました」

和子は、張りのある声で闊達《かったつ》に、そんな秘話も話してくれた。

私はこの時、和子の口から伝法肌の「ざまァ見ろ！」などという言葉が飛び出すなどは想像だにしていなかっただけに、一瞬、彼女の顔を見つめ、一呼吸おいて頷いたものだった。

父茂も国会で「バカヤロー！」発言で、混乱を招いたことがあったが、この親子には咄嗟な言葉の上に共通した遺伝子があったのかも知れない。

小さな大横綱　千代の富士

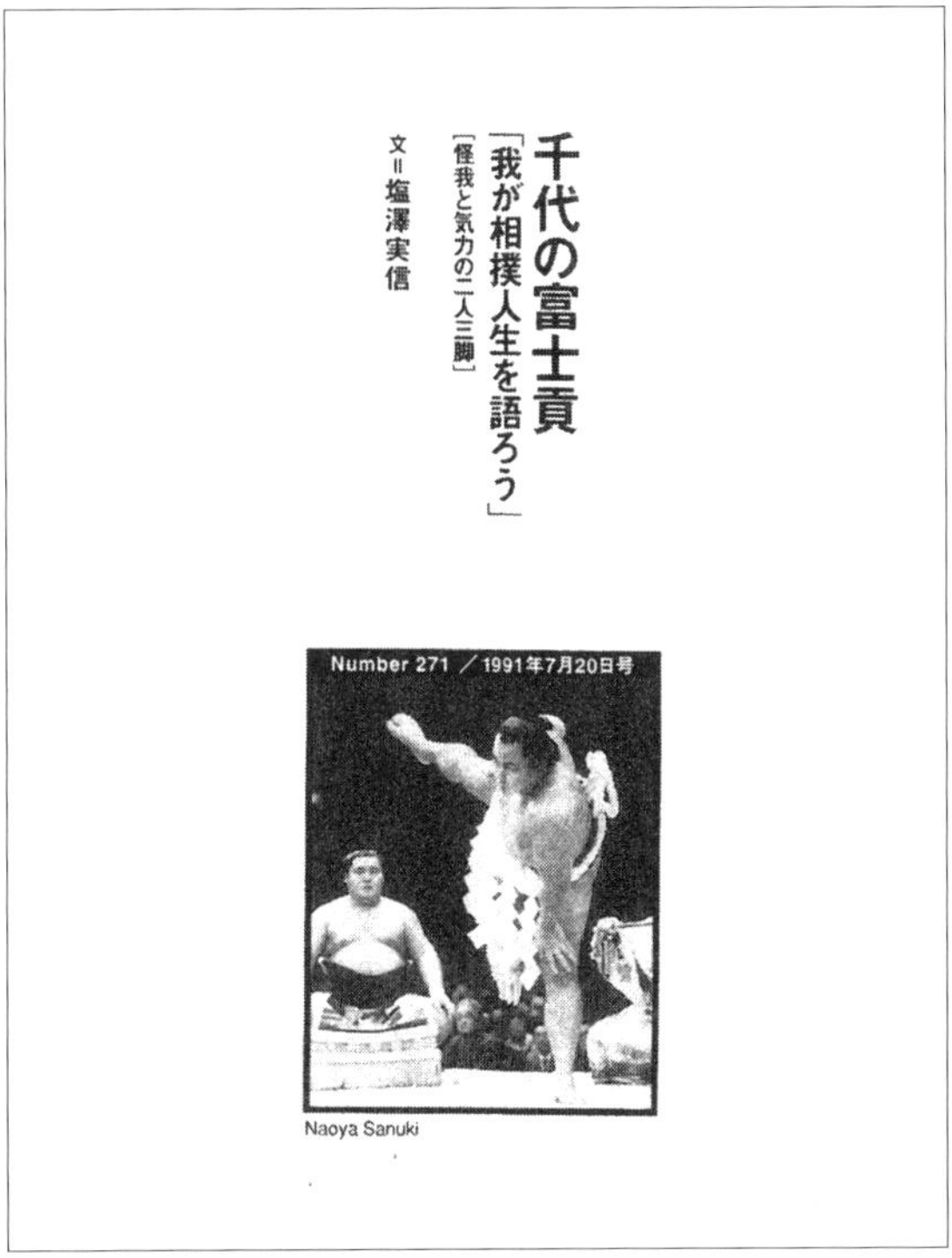
千代の富士貢
「我が相撲人生を語ろう」
［怪我と気力の二人三脚］
文＝塩澤実信
Number 271／1991年7月20日号
Naoya Sanuki

掲載された「スポーツグラフィックナンバー」の扉。

〝国技〟と言われる大相撲で、日下開山《ひのしたかいざん》の横綱となるのは容易ではない。

その横綱に、力士の元手である体躯・体力に恵まれない身で気力と無類の稽古を重ねて、引退時に相撲史上最高の１０４５勝、優勝回数は大鵬につぐ2位の31回の大記録をうち立てたのが千代の富士であった。

平成三年夏場所で引退したが、私は引退直後の超多忙時にインタビューを許され〝小さな大横綱〟の相撲人生を聞くことができた。

相撲に縁の浅からざる身には、僥倖であった。

双葉山を別格に、現代相撲史を彩った不世出の三大横綱、大鵬、北の湖、千代の富士の取り口の特色を〝風〟にたとえてみると、春風、台風、疾風ということになろうか。

千代の富士が、疾風迅雷ともいうべき、すばやく激しい攻め一方に終始したのは、身体も小さく、左右の肩の脱臼など、力士にとっては致命的とも思えるハンディを背負っていたからだった。

その不利な条件を、小さな大横綱は、気力と無類の稽古、宿敵の取り口研究で補い、通算勝星で引退の時点、史上最高の１０４５、優勝回数は大鵬につぐ2位の31、連勝も2位の53等々の大記録を立てて、平成三年夏場所で引退した。

引退直後のフィーバーぶりは、マスコミ史上で、ちょっと類を見ない物凄さだった。

当然、小さな大横綱へのインタビューの申し込みが殺到した。そんななか、千代の富士と九重親方は、私の文藝春秋発行の「スポーツグラフィック・ナンバー２７１」（91年7月20日）の取材に応じてくれた。そのまま転載させていただく。

インタビューは、九重部屋の応接室で行われた。ゆかたがけのリラックスした小さな横綱には、土俵上の狼のようなまなざしはなく、仁王のような威圧感もなかった。

――引退を決意されたのは昨年（平成2年）の11月だったとか。

千代の富士　いや、決意というか、もう、そろそろ限界が近づいてきたかなという気持ちがね……。それでも、一日一日、一場所一場所、なんとか取れればいいなという気持ちで頑張ってきた……。

――引退の直接のきっかけというものがあったんでしょうか。

千代の富士　やはり体力がついていかないということでしょう。長い間体を使ってきて、疲れて休んでも、その疲れがとれない。そんな体力的なものですね。それは、取っている本人がいちばんよくわかるんです。

――貴花田との一戦とか、貴闘力戦といった具体的なケースでは……。

千代の富士　まあ、そういう取組はマスコミ関係の人たちも望んでいるわけですよ（笑）。ただ、そういう時期まで頑張っていなきゃいけないという使命感みたいなものがあったからこそ、怪我をしても治して、あそこまでやれたと思うんだよね。

――もう1回優勝すれば、大相撲史上最多の大鵬さんの大記録とタイになりましたよね。

千代の富士　そりゃねえ、いろいろ言われるけど、そのあとの1回が僕にとってはたいへん遠い数字なんですね。優勝回数あと1回というのが。

知らない人は、「あと1回なんだから、もう一度体を治して、また再起して出直したほうがいいんじゃないか」って言うけどね。でも、体がボロボロになりながらここまで頑張ってきて、なかなか簡単にはできないようなことまで成し遂げましたから……。もう来るべきときがきたら、さっと引こうみたいな気持ちがあったんです。

――引退発表のとき、ちょっと涙を流されましたが、今の心境はいかがですか？

千代の富士　相撲をやめるのが悔しくて泣いたんじゃないんだよね。隣にいた後援会会長

（北勝海後援会長・鈴木宗男氏）がね、会見場に行く前に会ったとき、「いやぁ、よく頑張ってくれた、ほんとうにありがとう」なんて言うものだから、ほろっとしてたんですね。その後すぐだったから……。それで（鈴木氏の）隣に坐ったら、ススって聞こえるんですよ。それにつられて僕のほうも込みあげてきちゃって。

——横綱になったその日に、師匠の九重親方に「やめるときはスパッとやめようぜ」と言われ、一瞬、「なんてえことを言う親方だろう」（笑）と思ったそうですが、立派な引きぎわでしたね。

千代の富士　立派とかじゃなくてね、「何だもう少しやりゃいいのにね、あいつちょっと……いい加減な奴だな」と言われないようにと思ってました。誰がみても納得のいく感じで引きたかったから。

——夫人とご両親に前もっての相談は？

千代の富士　いや、その日ですね。師匠と話をして、それから親には電話で言いました。最初、何を言ってるのかな、と思ったんじゃないかな。北海道の親父は、「親方に、やめるって言ってきたから」って言ったら、「うん。休め休め」とか言ってたから。

——九重親方は「目を見てすぐわかった」と言っていましたね。

千代の富士　当然、本場所というのは厳しいものなんですよね。15日間ありますが、初めの3日間を見れば、師匠は僕が白星をあげることができないとわかったと思うんですね。しかも、横綱の土俵というものは弱くてすむもんじゃない。ちょうどいい時期だったんじゃないかな。

――貴花田、若花田、曙……、若い力士も台頭してきて、引退のタイミングとしてはよかったですね。当然、これからは九重部屋を継承して、若い力士を育てていくわけですが、親方としての抱負は。

千代の富士　これからが大変だなあ。いままでは自分で動いていれば、いろんなことができたんでしょうけど、今度は人を動かし、その気にさせて、一人一人に合った指導をしなければならない。飴と鞭じゃないけどね。もう飴飴飴、鞭ぐらいでなんとかおだてながらさ、やらせて、やる気を起こさせて、動かしていくような指導の仕方をしないとね。

――入門当時は身長177㎝、71㎏の体重とギリギリの小さな体だったわけですが、これだけの大横綱になられた。気力もさることながら、素質をうまく引っ張り出す親方がいたからですね。

千代の富士　引っ張ってもらったということでしょうね。素質は多少あったのかもしれないけど、それは抜きにして、親方の指導というのが大きかったんでしょう。先輩も含めてほんとに恵まれていたと思います。

――じゃあ、親方の指導方法を継承していくつもりですか。それとも、自分はこんな新しいことをしていきたいというような考えは?

千代の富士　今あるのは親方のお陰といっても過言じゃないと思うんですね。それと、部屋の上下関係……。僕の後輩にも北勝海がいるけど、ああいう子が出てきたからこそ、僕は長い間横綱の地位にいることができたわけです。だから、自然のうちに習得したいいものは生かし、悪いことはもしあったとしても、受け入れないようにする。

——九重部屋は、非常に自由な雰囲気があって、親方は兄貴のようだったとか。

千代の富士　そういう雰囲気だからこそ、二人の横綱がいるんじゃないのかな。部屋のカラーは、いろんな面で明るい。ああいう親方だから、こういうふうになったのかもしれません。

——通算勝星1045！　前人未到の大記録です。通算の勝星を意識するようになったのはいつごろからですか。

千代の富士　1045勝したけど、まあ、800ぐらい……、もっと後かな。「1000勝目前だ」みたいな盛り上がり方はあったけどね。周りが書いてくれて、自分の励みにもなって、こういう記録ができたんでしょう。

——この記録の陰には、たいへんな怪我を何回もしていますよね。

千代の富士　ええ。怪我のオン・パレードですね。(笑) 最初は左ですね。その後に右の肩を脱臼。右の肩をやったときには、ほんとうに相撲人生これで終わりじゃないかと思いました。昭和54年の春場所のときかな（西前頭八枚目で7日目播竜山に寄り切りで敗れ、右肩を脱臼、2勝6敗7休で場所後2度目の十両落ちをしている)。

要するに、無理な相撲を取っていたわけでしょう。体に負担のかかる荒い相撲というのかな。大技を使いながら取ったもんだから、怪我にもつながっていったと思うんです。だから、これからはこういうことじゃダメだ、正攻法で肩の怪我を治しながら、肩に負担のかからない相撲を目指していかなきゃいけないと、師匠と話し合った……。

――大鵬さんに次ぐ31回の優勝は、両肩の脱臼を治して以後。初優勝が昭和56年初場所、東関脇のときでしたが、どの優勝がいちばん印象に残っていますか。

千代の富士　とにかく、初優勝のときの感激です。あの優勝には、ほんとうにこれはもう、最初で最後かなと。あとは10回とか20回とかの節目節目。いろんなアクシデントがあって、そのあとの優勝も印象に残ってますね。

――そのアクシデントといえば、平成元年春場所で、14日目大乃国を上手投げで破ったとき、左肩を脱臼。千秋楽は不戦敗だったが、14勝1敗で27回目の優勝して、賜盃とともに三女の愛ちゃんを抱かれて記念撮影をしました。翌夏場所は全休して、名古屋場所での再起を期して稽古を始めた矢先、愛ちゃんが急逝。数珠を首にかけて場所入し、12勝3敗で弟弟子の北勝海と史上初の同門横綱決戦というドラマチックなことがありましたね。

千代の富士　ああいう状態で、よくあそこまで頑張れたなあということですね。優勝決定戦までもっていけたこと自体が、「ああ、いい仕事やったな」と思えた。なおかつ、優勝が勝ちとれたというので、あれからまた、何場所か優勝できたんじゃないですか。

――喜びの反面、悔しいと思ったことは。

千代の富士　悔しい？　どうなのかな、そんなことじゃなくて……とにかく稽古がきついんですね。そのきつい稽古を一日やらないと、自分の相撲ができなくなる。一日休んだら、もう三日ぐらい体力が落ちる。苦しい稽古を毎日やることによって、何倍もの力がついてくるんです。

――化けるという言葉がありますね。以前二子山親方（当時。初代若乃花）に名古屋場所で会ったとき、横綱のことを「うまく化けた」と言っていました。

千代の富士　素質も何もなかった。ただ、小さい子が入門して、最初は横綱とか大関になれる素質なんか、持っているとはまったく考えられなかった。それが急激に力をつけてきて、一気に頂点まで駆け登ったというのかな。それが化けたという言葉に表現されたと思うんです。

――それを支えたのは、気力、負けじ魂だったんですかねぇ。幕内に入って三役と対戦しはじめたころ、たとえば横綱の輪島と、塩を取りに行く前、仁王立ちになって睨み合っていましたね。あれはプレッシャーをはねのけるためでしたか。

千代の富士　ああいうものは個人個人違うけど、やる気の表れでしょう。やる気が外に出るのが強かった。

――解説の玉ノ海さんが、「横綱に失礼じゃないか」と言うほど睨み合っていた（笑）。

千代の富士　でも、横綱だから顔を張るとか、殴るとかがいけないって、関係ないですよ。そんなルールはないんですから。

――目標にしたとか、影響を受けた力士は。

千代の富士　藤島親方（初代貴ノ花。その後、二子山親方）ですか。転機の時期に、煙草をやめて体を作るべきじゃないかということも教えてもらいましたしね。

――ライバルとして意識した力士は。

千代の富士　自分の場合は、そういう気持ちはなくて、自分自身が頑張って、少しでもああ誰かに似てきたなとか、ああいう人に近くなってきたなという言われ方をしてもらいたかった。とにかく自分自身が頑張らなきゃいけないという気持ち。もう一歩出て我慢したら、また道が開けてくるみたいな感じというのかな。

――たくさんの取組の中で、隆の里には負け越し。また小錦とは初戦で、強烈な突っ張りで押し出され、奮起一番、稽古での手の内を研究して、その後2年間、八番立て続けにねじ伏せておりますね。

千代の富士　ああいう人たちがいてこそ、また、新たな気持ちで研究し直し、技でも一所懸命磨き直せたんでしょう。どんどん反省の材料を与えてくれた。一場所でも長く取れた励みのひとつだったんじゃないですか。

――良く、新しく台頭してきた力士を、稽古で非常に可愛がり、横綱の強さと怖さを印象づけるという話がありますね。

千代の富士　自分の稽古と同時に、相手に威圧感を与える。「横綱と対戦、あっ、もうダメだ」みたいなね。でも、誰でもそういう時代があるんです。下から上がっていく者は、そのプレッシャーを稽古なり、いろんなことをしながらはねのけて、何回かの後に白星につなげていくと思うんだ。

――横綱も北の湖に対戦した当初は、鉄の壁にぶつかったような感じを持たれたようですね。６連敗した後に1勝し、初優勝のときには、本割りで敗れ優勝決定戦で勝っている。相手も当然、研究しているわけですよね。

千代の富士　当然ですよ。でも、番付の差というのは最初からついていますから、そういう番付の地位がものを言う世界ですからね。だから、上の者は昨日今日入った人にはほとんど負けないと思うんだよね。また、そういう気持ちで頑張っていかなきゃいけない。

――いい力士が出てきて、横綱は数々の大記録を残し、心置きなく引退できるわけですね。北勝海をはじめ三横綱や現役の力士に残す言葉は……。

千代の富士　今、相撲ブームだと言われている、いい現状でしょう。こういう相撲熱の盛んな時代がずうっとずうっと続いていってほしいと思います。そのためには皆に頑張ってもらわねば。

――相撲からちょっと離れて、本名の秋元貢さんにお聞きしたいんですが、北海道時代、家業の漁などの手伝いもしたとか。

千代の富士　田舎の方の生活ぶりというのは、とにかく学生であっても、勉強とともに、家の手伝いも大きな仕事のひとつなんです。だからそういう意味で、親の手伝いというのは、しょっちゅう、当たり前のようにやったね。

――父上・秋元松夫氏の話だと、「あの大横綱の双葉山も少年の頃、舟に乗って足腰のバランスをとる訓練をした。うちの貢も……」と。

千代の富士　はっはっは。自然にそういうふうになったんでしょう。今思えば、運動神経、反射神経、そういうものが遊びのうちに身についたのかなあと……。

――ご両親は、たとえば誠実にやれとか、努力しろとかの教訓を垂れましたか。

千代の富士　いやいや、とにかく人に迷惑かけるようなことはするなと。それぐらいですね。

――家庭を非常に大切にしていますが、長男の剛クンが、若・貴兄弟のように、相撲取りになりたいと言ったら、入門させますか。

千代の富士　本人のしたいようなことをさせるのが一番いいんでしょうね。何するにもね。その前に、３人の子どもがいるけど、男の子がひとりいてよかったなと。いつか「親父、ちょっと、俺は相撲取りになるぞ」と言ってくれるんじゃないかという（笑）期待感もある。女の子だったらできないけどね。唯、できるものなら、やっぱり親の家業を継ぐんじゃなくてね、まったく違うところ入って頑張ってもらいたいなという気もあります。（長男が）もし相撲取りになるとしたら、きちっと、相撲はこういうもんだぞということを教えてあげなくてはね。もっともっと厳しい状況があるんだから、「我慢して頑張れ」みたいなことは言ってあげようと思っています。

――家庭をもって、それが非常にいいように影響していると思うんですが。

千代の富士　いや、普通だと思うんですけどね。家庭をもって女房がいて、で、子どもができた。じゃまた、新たな気持ちで頑張っていかなきゃいけないという気持ちにさせてくれたんじゃないかな。

――上のお嬢さんが「負けると泣くから、頑張らなくちゃ」と冗談のように言っていましたよね。

千代の富士　いや、冗談じゃないですよ。こりゃほんとの話なの。国技館から自宅まで5分くらいで帰れるわけですよ。それで帰ったらね、目の下に涙の跡がまだついているわけ。で、女房に、「お前、何やったんだ」と。そしたら、「パパが負けて、悔しくて泣いた」と。そう言われたら、こりゃ、もう頑張らなきゃいけない。しょっちゅう泣かれちゃたまらないですからねえ。

――稽古以外の時間に、何か気分転換をしていましたか。

千代の富士　仕事のことを忘れてね。ゴルフ行ったり、釣りをしたり、最近では陶芸したりね。陶芸は（相撲に）なんか通じるものがあるんですよね。集中力っていうのかな。

――横綱は、土俵上で勝負にかける集中力の凄さは抜群でした。入門から引退まで756日間――見事な土俵人生でした。マスコミをあげて、大特集を組んだのも当然でしょう。

千代の富士　とにかく22年間土俵の上で頑張ってきたことを、いろんな分野で認めてくれ、それがああいう形になって出たということなんでしょうね。褒めてもらって、あんなに書いてもらって。お金出したって書いてくれないからね。（笑）。

とてつもないことをやってきたのかなと女房と話したんですよ。ちょうどその何日かあとに、引退した人がいたけれどね。ほんの何行かの記事で終っちゃってね。「これが普通なんだぞ」ということを女房と話し合いながらね。「うん、そうなんだよね」と、また心を新たにして……。

――引退式は？

千代の富士　来年（平成4年）の2月1日、土曜日。なんとか最後くらいはね、満員にしてやりたいなと思っているんだけど。これがほんとの最後の花道というのかな。

22年前、飛行機に乗せてやろうという言葉にのせられて、北海道から九重部屋へ入門した15歳の少年。彼は、力士になれる体格ギリギリの目立たない少年だった。

ただ、人を射るような鋭い目と気力。人一倍の稽古熱心によって、昭和45年9月場所序ノ口、翌年初場所序二段と、順調にステップを上りはじめていた。

だが、46年九州場所、右下腿骨折。48年夏、左肩脱臼。50年秋、右腕筋肉断裂。54年春、右肩脱臼。56年秋。左膝靭帯損傷。58年夏、左肩脱臼。59年春、股関節捻挫。59年名古屋、左肩脱臼。61年春、腰背部挫傷。62年秋、腰痛。63年春、左肩脱臼。平成元年春、左肩脱臼。同2年秋、左太モモ肉離れ。同3年初、左上腕部肉離れ……。本場所中に限ってもこれほどの怪我に見舞われながら、この間に前人未到の数々の大記録を築きあげたのである。

――小さな大横綱千代の富士。

その大力士は、本誌の緊急インタビューの結びを次のように締めくくる。

「僕は体もあまりなかったしね。気力というのかな。そういうのもが、やっぱり人よりあったからできたのかもしれないね。その気力がなくなって、体力の限界で引退したわけだけれども……。」

この気力の横綱千代の富士は、引退後、功労を賞でて、協会から贈られた「千代の富士」の一代年寄名を断り「九重」を襲名した。現役時代の活躍ぶりと功績からみて、ゆくゆくは衆目の見るところ、日本相撲協会の理事長に推されるだろうと期待されていた。

ところが、弟弟子の北勝海が引退して「八角」親方になると、独立して八角部屋を創立。師匠の北ノ富士の陣幕を含む部屋付き親方全員が八角部屋に移籍してしまった。

この一事で第二の土俵・九重の前途にキナ臭い事態があるやに危惧されたが、部屋系統の政治力が絡む理事選には、高砂一門をバックに立候補して当選。さらに平成二十四年、北の湖理事長につぐナンバー2の事業部長に就任した。

しかし、平成二十六年の理事改選で、十一人の理事候補中ただ一人、九重親方が落選。高砂一門から理事に推されたのが八角親方だった。

現役時代〝大将〟のニックネームで土俵を牛耳り、唯我独尊をほしいままにした九重は、弟分の八角の風下になり、理事長の芽は完全に摘み取られてしまった。

失意の九重は、その後、六十二歳でガンのために急逝。弟弟子の八角が理事長に就任し今日に至っている。

80歳まで現役　田端義夫

田端義夫（右）と著者。

ギターを抱えた田端。

私の故郷信州の実家には、昭和初期にはゼイタク品の蓄音機が鎮座していた。その誼《よしみ》で何百枚ものレコードがあり、当時の流行歌をこっそり聴いていた。

クラシックを推奨する環境下で、流行歌《はやりうた》に耳を傾けるのは、褒められたことではなかった。だが、後年〝歌と映画の娯楽雑誌〟「ロマンス」創業者熊谷寛の居候となる身には、歌を通じて時代を読む世才を得たことはプラスだった。

昭和歌謡界の長老・田端義夫も、子どもの頃から聴いていた歌手だった。

橋下の音楽教室

日本人の平均寿命は、男性が八十一歳、女性が八十七歳と、目下、女性は世界一、男性は三位の長寿国となっている。

ほぼ六、七十年前までは、先進国で最も短命だったのに、いまや世界のトップになったわけで、「めでたい」と寿いでもいいだろう。

しかし、ボケたり、寝たきり老人となって、ただ、生き永らえているだけだったら、眷《けん》属《ぞく》に計り知れない迷惑をかけることになり、「めでたさ」から遥かに遠い人生と考えざるをえない。

この長寿国のプラス面を象徴するような歌手に、八十代まで第一線で活躍していた愛称〝バタヤン〟の田端義夫がいた。

私はその彼の最晩年にインタビューを持つ機会があった。

シルバー向けの雑誌に連載中だった「歌は思い出を連れてくる」の取材で会ったのだが、日本人の寿命を超えた年齢で、老いの片鱗も見せず、歌いつづけている姿に深い感銘を受けた。

田端が「島の船唄」でデビューしたのは、日中戦争下の昭和十四年だった。極貧の母子家庭に育ち、小学校は三年で中退。あとは丁稚小僧、菓子屋の店員、工員などを転々としながら、好きな流行歌を歌っていて、つかんだ幸運だった。

当時、ディック・ミネがギターを抱えて歌う姿にあこがれ、ベニヤ板をギターの形に切り、木綿糸を張って、ギターならぬ「イター」を作り、古賀政男のギター教則本を見ながら、自分の声でドレミを出して、演奏法をマスターしたと伝えられている。

ついで、名古屋市内の家の近くを流れる庄内川の橋の下に行って、当時、大ヒットしていた東海林太郎の「赤城の子守唄」や「お駒恋姿」、「船頭かわいや」など、何百、何千回と歌うなかで、田端流の嫋々《じょうじょう》として心にしみる唱法を完成したのである。

極貧生活とはいえ義夫少年が、音楽教室を橋の下に設けたのは、母親が流行歌嫌いで、「そんな歌ばかり歌っていると、行き過ぎもん（不良）になる」

と、ことあるごとに反対されていたからだった。

彼は、母親を悲しませたくない一心で、狭い借家を出て、〝橋下音楽教室〟で独学を重ね、十八の年に新愛知新聞社主催のアマチュアコンクールで見事に優勝。その波に乗ってポリドールのオーディションにも受かり、歌手の道へ進むことになった。

清水みのる作詞、倉若晴生作曲の「島の船唄」にめぐりあい、デビュー盤が大ヒット。仲間うちから〝造船会社〟と羨望される田端、清水、倉若からなる〝船シリーズ〟のゴールデン・トリオのきっかけをつかんだのだった。

田端流の楽譜、歌い方

「島の船唄」は端《はた》で見る限り新人田端義夫のために書き下ろされた歌と考えられた。が、この歌は当時ポリドールで、東海林太郎と人気を二分していた上原敏の吹き込み用に作られたものだった。

上原は「妻恋道中」「裏町人生」「流転」「上海だより」と、昭和十二年から十三年にかけて、たてつづけに大ヒットを飛ばしていたドル箱歌手だった。

そのため多忙をきわめ「島の船唄」のレッスン時間がとれず、新人田端義夫にチャンスが巡ってきたのである。

当時の吹込みは、バンドも一緒の同時録音だったので、ちょっとのミスも許されない。待ったなしの一発勝負。歌手もバンドも練習に練習を重ねて、完璧のかまえで本番の収録に臨んでいた。

田端は、デビューのその時から田端流の独特の楽譜をつくっていた。

八十歳まで持続する初心と、若さを維持する秘密にも通じる心がまえを当時、私に次のように話してくれた。

「まず詞を見ますね。いい詞に対しては必ずいい曲がつき、これはヒットにつながるわけです。次に作曲家のレッスンを受けますが、倉若さんの曲だったら倉若さんに歌ってもらい、フシメに私の考案した音楽用語にはない印をつけていくのです。むろん、作曲家は歌はうまくはない。が、歌に対して深い思い入れがありますから、その作曲家の思いを、楽譜の中に印していくのです」

音楽記号では、フラット（強く）、ピアニッシモ（弱く）のｆ・ｐで記されるところを、田端は「感じはこめるが声は小さく」とか、「心から笑って楽しく」といった独特の田端記号を付けていくわけだった。

三番まで歌詞があると、楽譜のメロディーラインは同じでも、一番ごとに記号はちがってくるわけで、「島の船唄」を例にとると、一番の「小島離れりゃ　船唄で」と、二番の「何が恋しゅうて　浜千鳥」は、譜は同じでも、詞にこめる感情は別であった。

「だから私は、詞ごとに記号が異なる楽譜をもっているわけですね。それと、歌手にデビューした時から、私のオリジナルの歌は、キーを絶対に変えていません」

胸を張って断言するように、彼のオリジナルは、当初のままのキーで歌いつづけられていた。六十年を超える歌手生活で、これは稀有《けう》なことだった。歌手は年齢とともに音程を下げていくのが普通だった。

その常識を破って、バタヤンはなぜ、かたくなまでに、歌い出した当時のままのキーで歌っているのか……。

その秘密は、二番目のヒット曲、藤田まさと作詞、長津義司作曲の「大利根月夜」を歌うことで明らかになる。

あれをご覧と
指さす方に
利根の流れを
流れ月……

天保～弘化年間の笹川の繁蔵や浪人平手造酒《ひらてみき》、飯岡の助五郎らの出入り（事件）を題材にした玉川勝太郎の浪曲「天保水滸伝」の歌謡版だった。世が世であれば、殿の招きの月見の宴にはべることのできる剣豪平手造酒が、病気で身も心もボロボロになり、利根川のほとりで、独り月を眺める落魄《らくはく》の姿を、切々と歌っていた。

平手は、落ちぶれてはいたが、侍の矜持は持ちつづけていた。

田端がキーにこだわるのは、この平手造酒の誇りに通じていたからなのだ。

田端は私に次のように内幕を明らかにしている。

「この曲で、キーを下げると、侍やくざの気品がなくなり、平手造酒がばくち打ち仲間で、一番身分が低い三下のようになってしまうでしょう。私はどの歌に対しても、その役にのめり込んで歌ってますから、最初のイメージを大切に守るためにも、絶対キーは下げないのです」

〝田端節〟といわれる独特の唱法、そしてこの音へのこだわりが、田端義夫に半世紀を超える現役歌手を約束させているともいえた。そのこだわりは、「十年一日のごとく」の比ではない、「一生一日のごとく」だった。

田端は、この間におびただしい吹き込みをしてきた。最高のヒットとなった敗戦の翌年に出した「かえり船」の百八十万枚をはじめ、百万枚を超えた歌だけで「大利根月夜」（百八十万枚）、「ふるさとの燈台」（百七十万枚）、「島育ち」（百五十万枚）、「ズンドコ節」（百二十万枚）、「別れ船」（百万枚）、以下「玄海ブルース」「かよい船」「島の船唄」「親子船唄」など二、三十曲はあり、六十年間の販売金額は現在の価格に換算して、数百億円を超えていた。

「リサイタルで一時間半、ヒットしたオリジナル曲を歌って、尽きることがありません。この六十五年間に、何度も壁につき当たったり、病気になって、病室の白い天井を眺めながら『これで私も終わりか』と思ったことがありました。そんな時『おのれ！　いまに見てけつかりゃがれ！』と萎える気持ちを鼓舞したものでした。『島育ち』などは、流しの歌から私が拾ってきて、執念でヒットさせ、奇跡のカムバックと言われた歌ですよ」

拾い食いするほどの貧しさを少年時代に体験し、イジメられて育った田端の歌には、「その体験が、すべての歌のコヤシになっている」

のだと、最晩年に力をこめて語ってくれた。

踏みつけられ、蹴られ、笑われ、さげすまされても挫けないその強さが、八十歳を超えてまでバタヤンを、「オース　オース」の現役に踏みとどまらせていたのであろう。

そんな不死身の彼も、平成二十五年（二〇一三）年、肺炎がもとで94歳の生涯を終った。没後、その功績を讃えて日本レコード大賞特別功労賞が贈られた。

涙のヒットメーカー　遠藤実

遠藤実（右）と対談する著者。

対談を終えて握手する二人。

「日本人の好む歌・ベスト一〇〇〇曲」の上位十曲の中に、「くちなしの花」「星影のワルツ」「北国の春」が選ばれたが、この三曲の作曲者は遠藤実である。

流しの歌手から作曲に転じ、文字通り巷が生んだ作曲家だった。

一〇〇曲作曲して二、三曲ヒットすれば成功とみられる苛酷な業界で、遠藤メロディーが何故大衆に好まれ、愛唱されているのか。

その問いに、流し生活でつかんだ大衆の心の琴線をふるわす音色が「ラ」にあることを明らかにする。

こだわりの一音

私は、八十二銀行文化財団が発行しているクォータリー雑誌『地域文化』で中山晋平特集をこころみた折、「晋平の音楽とその時代を通して私たちをとりまく言葉、特に大衆音楽文化のいまをとらえたい」という要請をうけて、当時、最大のヒットメーカーだった日本音楽著作権協会・日本作曲家協会の会長遠藤実と対談の機会をもった。昵懇の間柄だったので、直に交渉して対談へと漕ぎつけたのである。対談の内容は、「そして　歌は流れゆく」にまとめられているが、その中で中山晋平と対比して、ヒットするメロディーの秘密を、遠藤実はつぎのように語ってくれた。

遠藤　…ヒットさせようといくら頭をひねってもダメなんですね。実は中山晋平先生も私の曲も一本指で弾ける旋律なんです。十本の指を使って弾く作品のほうが技術的にすごいかも知れませんよ。でも一本指でたたいてつながる旋律だからこそ多くの人々に歌われるのでしょう。

晋平先生の偉大さは音楽学校に行ってクラシックから何から勉強していながら、日本人の心が求めているものはこれだと言って、童謡・民謡に至るまで大衆の音楽家に徹した。

一本の旋律をつくり続けたということですね。

塩澤　そうですね。「カチューシャの唄」は大正初期の歌なんですが、出だしのところはいまの人でも口ずさめますよね。それこそ一本指で弾けますね。

遠藤　そうでしょう。〈カチューシャかわいや〉あたりを僕なりに分析してみますと、ソの音から始まって、またソの音に返って、また始まってまたソの音に返って、こういう繰り返しなんですね。ソド〜レミ、ソラソ〜ミ、ドレミ〜レド、ソ〜ラ〜ソ（ピアノを弾く動作をして）。先生はあの松井須磨子＝カチューシャを心に浮かべ、彼女が別れが辛くて何歩か歩き出して、また振り返って戻る、それをメロディーにされている。

作曲家は絵の具を持たない画家です。だから音のことを音色。作曲家にはこの音だけはどうしても使いたいという音があるんですよ。晋平先生はソなんです。

塩澤　遠藤さんにもありますよね。

遠藤　ええ、僕はラですね。

塩澤　日本人の愛唱歌、例えば「朧月夜」「荒城の月」、クラシックでも日本人に特に好かれている「新世界」の第二楽章「ラルゴ」にはラの音が多用されている。それが私の曲のなかにはあるんですよ、と以前おっしゃったことがありましたね。

遠藤　意識して使うのではないのですが、結果的にそうなるんです。

塩澤　ソとかラの音色が日本人の郷愁をそそってきたんですね。

日本人好みの音色

遠藤実と私の対談は、ヒットしたメロディーの中に秘められた「音色」に及ぶが、中山晋平の「ヨナ抜き五音階」の基調になっているのは、たしかにソの音だった。〝晋平ぶし〟のメロディーワークの基調部分に、この音色がしっかりと根を張っていた理由は、明治二十（一八八七）年に生まれ、ものごころがつく時代にめぐり会った小学唱歌の深い影響があったのだろう。

楽譜による音楽教育は、明治の初期にアメリカへ官費留学をした信州は高遠出身の伊澤修二によってもたらされた。かれは小学唱歌を教科にとり入れるが、そのときに用いた曲はスコットランド民謡が主流を占めていた。そして、ドレミファの音階になじみのない日本の子どもたちに、ヒィ・フゥ・ミィ・ヨゥの数字で憶えさせたのである。

ところが、メロディーはそのままでも、歌詞を日本人の心情に合わせた「蛍の光」とか「旅愁」に換骨奪胎《かんこつだったい》し、短音階の〝ヨナ抜き〟の五音階――ファとシの音を抜いた五つの音階の曲を多用したため、晋平をはじめ、少年たちの心深くに、ヨナ抜き五音階が刷り込まれた。晋平の基調となる「ソ」の音色が培養されたのも、この初期の音楽教育に負うところが少なくなかったと言えるだろう。

一方、昭和七年生れの遠藤実に「ラ」の音色が根づいたのは、家が貧しくて旧制の中学校へも進めず、疎開先の新潟の農村で、一万五千円の年俸で作男になり、農閑期には農家へ門付けして、三曲で十円稼いで回った苦闘の少年時代。そして夜逃げ同然に上京し、三曲百円の流しをつづける中で自然と培った、大衆の好むメロディーに負っていた。

中央線沿線で八年間の流し生活をしつつ、その間に彼が蓄えた持ち歌は五～六百曲に上っていた。

「〝今晩は〟と声をかけて、お客さんの顔を見ますね。その一瞬に顔色を読んで、その人のその日のムードに合った歌を的確に選曲しなければならないのです」

客が沈んでいると見たら元気づける歌、静かに飲んでいるようだったらムード歌謡……というように、その日の客の心身の状態にあわせた歌をパッと歌えないと、流し稼業にはならない。三曲百円と生活に直結しているだけに、遠藤実の直感力は研ぎすまされていった。

一晩流す中で必ずリクエストされる曲が何曲かあった。「船頭小唄」「人生劇場」「無情の夢」「酒は涙か溜息か」など、多くが昭和戦前の短調五音階の歌だった。

遠藤は、流しの時代のその経験と、自分の心の奥に潜んでいるメロディーの音色を結びつけることによって、後年、大衆の好む曲を次々に生み出すようになるが、彼が私に明かしてくれた言葉によると、基調となっているメロディーは、ドボルザークの「新世界」第二楽章のラルゴ(「家路」のタイトルで歌われている)、小学唱歌の「朧月夜」、滝廉太郎の「荒城の月」の三曲だった。

つまり、「ラ」の音色が色濃く塗りこめられた哀愁ただようメロディーであった。彼の作曲でロングヒットとなり、カラオケで繰り返し歌われている歌には「家路」「朧月夜」「荒城の月」のメロディーが、何らかの形で影を落としている理由はこのあたりにあった。

こころみに、遠藤の作曲になる「北国の春」「星影のワルツ」「くちなしの花」「みちづれ」などを口づさんでみれば、これらのメロディーがベースになっていることがわかるだろう。

感動を呼ぶ曲とは

大分古い話だが、昭和五十五年秋、ＴＢＳが「日本人の好む歌・ベスト一〇〇〇曲」を調査したことがあった。

明治・大正・昭和の代表的な歌の中から調査研究者たちが千三曲を選び出し、その中から回答者たちが「好意」を示す曲目に「○」をつけるというもので、その結果からえた順位と支持率を発表したのである。

上位十位までの順位と支持率は、次の通りだった。

1　青い山脈　50・95％

2　くちなしの花　43・38％
3　星影のワルツ　42・05％
4　北の宿から　41・22％
5　影を慕いて　40・89％
6　津軽海峡・冬景色　38・77％
7　荒城の月　38・63％
8　北国の春　38・50％
9　瀬戸の花嫁　36・74％
10　赤とんぼ　34・55％

『歌謡曲ベスト一〇〇〇の研究』の著者鈴木明は、この結果から「青い山脈」は別格として、歌そのものの実力からいえば、38％以上の支持を受けた「くちなしの花」「星影のワルツ」「北の宿から」「影を慕いて」「津軽海峡・冬景色」「荒城の月」「北国の春」の七曲が「現代日本における代表的国民歌である」と分析していた。

鈴木明はその上で、次のように述べていた。

「青い山脈」「影を慕いて」「荒城の月」は、実際には現実にある「歌」以外の要素で上位にあると考えられるので、いわゆる「歌謡曲」だけをとっていくと、前記「ベスト5」（注・くちなし／星影／北／津軽／北国）が実質的に現代を代表する五つの歌になるわけだが、この作詞、作曲、歌手の面で、きわだった特徴がいくつかあるのに気がつく。

このきわだった特徴とは、五曲のうちの三曲までが遠藤実の作曲であり、二曲が阿久悠の作詞。そして歌手が「イワテケーン」でおなじみの千昌夫の二曲ということになった。

当然、現代ではこの順位に多少のズレや新曲が割り込んでくるだろう。が、日本人の好むメロディーの傾向には、さしてちがいはないと考えられる。

前記の「地域文化」の対談で私がこの件にふれ、ヒットする曲、大衆に愛され、時代をピシッとつかまえる曲はどうして生れてくるのかを問いただしたところ、遠藤実は次のように語ってくれた。

何が流行るのか、それは一元的には言えないと思うんです。でも少なくとも作曲する側から言えば私の場合、まず詞ですね。ワンフレーズでもいいんです。自分の魂をふるわせる詞に出会うことです。（中略）

でもいくら作曲家が感動してもヒットしないと思うんです。聞く人が感動しなくては。じゃあ、感動ってなんだろうか。その歌を聞いて、「うん、そうなんだ、そうだったんだ……。」そういうふうに感じさせることです。つまり、「そうなんだよ、そのとおりなんだ。あんたもそうか。」とやはり、自分の思っていることをそこで歌ってくれるという聞く人の共感ですね、共感する部分が多いか少ないかです。

どん底から這い上がっていった遠藤実には、このように大衆に語りかけ、共感させる部分の多いメロディーを書ける力が、「ラ」の音色を基調にしたメロディーワークに、より豊かにたくわえられていたことになろう。

彼は、一晩に十曲もつくることもあった。青春もの・悲恋もの・股旅ものというように、てんでんばらばらな素材をまとめる作曲の過程だったが、遠藤は臆面もなく「煙草を二、三本吸う間にやってのけられる」と私に語ってくれた。

「紙一枚、鉛筆一本あれば、どこでも作曲できるのです。音と符号が同時に出てくるから、メロディーを口ずさみながら、そのまま譜面に書いていくというやり方ですね」

一見、ひどく手軽に作曲しているようだが、彼の潜在意識下には、少年のころに捨てた故郷への思い、満足に学校に行けなかった悲しみ、ひもじかった流し時代の苦しみ、歌にめぐりあい、歌で救われた喜びなど、過去のさまざまな情念が心の裡に渦巻いていたと考えられる。

そのカオスの中へ、ひょいと歌の核ともいうべきものを投げ込むと、たちまち結晶作用を起こして、一曲がかきあげられる図式といえた。

その遠藤実が、当時、痛切に考えていたことは、歌が仲立ちになって、家族みんなで語り合えるような融和的な歌づくりだった。

私との対談の結びに、彼は私の手を固く握って、

「僕はね、童謡を、中山晋平先生が書いた童謡の流れを受け継ぐものを書きたいと思っているんです」
と前おきした上で、次のように語ってくれた。

ばらばらの家族が歌でつながるような、そういう歌を書きたいというのがいまの一番の希望なんです。このままでいくと、僕ら昭和一桁の人間がいいと思っても、若い世代は共感してくれないと思うんです。生活の次元が違うんですから。そのギャップをなんで埋めるかということですよ。それはやはり単純な言い方かもしれないけれども、どこかにもっと本物で、もっと人間として感動する部分を、われわれ歌書きは探さなきゃいけないんじゃないかと思うんですよ。その感動のコアは必ずあるはずですし、あればそれに合う曲が必ずつくれるはずです。私はこの人間として感動する部分を探し出すという信念に燃えて歌作りに励まねばいけないと思うんです。

私は、遠藤のこの希望を聞き、中山晋平の童謡の名曲「肩たたき」「あの町この町」「アメフリ」「てるてる坊主」「砂山」などを超える遠藤童謡が作曲されることを、期待していたが、約束を果たす前に遠藤実は急逝してしまった。

神風特攻隊長関行男と小野田政

右は関行男24歳。左は出撃を報じた当時の新聞。

韓国訪問時の小野田政（右端）。左端は著者。

「写真週報」の表紙を飾った関大尉。→

太平洋戦争末期、世界戦史上にも稀な「必死必殺」の神風特別攻撃隊が編成された。

乗用機に二五〇キロ爆弾を抱かせ、敵の空母、戦艦に必死必中の体当たりをする出撃は即ち〝死〟だった。

海軍航空隊でその一次指揮官に推されたのは、新婚から日も浅い関行男大尉。

彼は指揮官を命ぜられるや、報道班員小野田政に、新妻のもとに届ける写真を撮ってくれと所望。

そして、「私は国のためではなく妻のために死ぬ」との決意を披瀝していた。

旧友からの頼み

〝日本のいちばん長い日〟昭和二十（一九四五）年の八月十五日は、敗戦の日である。

この日は、当時十五歳だった私にも、文字通りの長い一日であったことを、克明に記憶している。

その日の忘れがたいものの一つに、昭和天皇の聖断「タエガタキニタエ　シノビガタキヲシノビ」の独特の音声が、いまも耳朶《じだ》の奥に遺っている。

さらに、小野田政撮影の、神風特攻隊の初陣を担った関行男海軍大尉（戦死後二階級特進で中佐）出撃寸前の、毅然と一点を凝視した侵しがたい遺影も、敗戦の日に連繋した大切な思い出の品になっている。

この写真は、昭和十九年十一月十五日発行・内閣情報局編集による「写真週報」表紙を飾ったものの複写である。小野田政は、この関行男の写真に添えて、出身校慶應義塾大学で刊行していた「三田文学」連載中の「俳句的自分史」コピー二十六回分も、私に進呈してくれた。

「俳句的自分史」の二十三、四回目に「戦争報道の実像と虚像」と題して、関大尉出撃姿撮影のいきさつを、綴っていたからである。

小野田が、これらの資料を進呈してくれたのは、出版界の落ち穂拾いの私が、「何かの機会に、日の目に合わせてくれるだろう……」の淡い期待があったのかも知れない。

小野田は、私よりはるかに年上の硬派ジャーナリストだった。

大正から昭和にかけて、「中央公論」と覇を競った「改造」編集部を振り出しに、海軍報道班員、戦後は「改造」編集長、「週刊サンケイ」編集長を経て、サンケイ出版の社長を歴任していた。

「改造」編集長だった昭和二十四年、昭和天皇に原稿を依頼し、御歌七首を同誌三十周年記念号巻頭に掲載させた、出版史上にのこる辣腕ぶりを発揮し、話題の的となった。

私は、この硬派ジャーナリストとなぜか馬が合った。

昭和三十年代後半から四十年前半にかけて十年にも及ぶ週刊誌編集長時代、「週刊サンケイ」「週刊アサヒ芸能」と、実売三十万部前後をめぐり、角逐《かくちく》し合ったことがあった。

なんの因果か、私の担当する「週刊大衆」が辛勝したことから、小野田は、

「新聞社をバックにした週刊誌が、出版社系に水をあけられるとはねぇ」

と、苦笑交じりに自戒の言葉を漏らして、親交を求めてきたからだった。

二人の友誼は、在社中はもちろん、私が出版界の落ち穂拾いになってから一段と深まった。

失職した私は、荊妻《けいさい》の提案に従って新宿に仕事場を設けた。家に蟄居《ちっきょ》してしまったら、安酒を呷《あお》り、妻子に鬱憤《うっぷん》をぶちまけるであろう愚物の言動を怖れたからだが、定期収入を

断たれて、外部に拠点を置けば、その維持費などが必要になる。端からみて、身の程をわきまえぬ軽輩に見えただろう。

しかし、外部に拠点を設け、「今日用《きょうよう》」があり「今日行《きょうい》く」ところがある〝教養と教育〟ある生活を選んだことが、一切の属性を失った後の私の生きる道を拓いてくれた。

伊勢丹近くの、末広通りに面したマンションの小部屋に仕事場を設けてからは、足場のよさの利もあって、多くの人が訪れてくれるようになった。

その中の一人に、一升瓶を手土産に顔を出してくれる小野田もあった。

彼の閲歴をつまびらかに知ったのは、私の手料理を肴に、酒を酌み交わすようになってからだった。

彼の話によると、慶應義塾大の文学部に進学と同時に、「改造」の編集者になったのは、三歳年上の女性と学生結婚したため、

「学費は出してやるが、生活費は自分で稼げ」

と、父から改造社の山本実彦社長宛の紹介状をもらい、家を出された故だという。

小野田の父は、大正八年創刊の革新的な総合雑誌「改造」のお膳立てをした者の一人で、その関係からすんなり入社が決まり、小野田は学生の身で雑誌編集にたずさわるようになった。

入社間もなく満州と、外蒙古の国境でノモンハン事件が勃発すると、自ら買って出て従事記者になり戦場へ急行。実戦の場で弾の飛び交う恐怖に、タコ壺のなかで何度か失禁す

る失態をおかしたという。

ノモンハン事件は、太平洋戦争の惨敗のルーツになるとの説があり、勝算のない戦いを指揮したのが参謀本部作戦課長の服部卓四郎中佐と、同班長辻政信少佐だった。両名はあろうことか支那に加え、米英蘭も巻き込む太平洋戦争でも作戦を主導する立場になったが、ノモンハンの教訓を生かしえず、惨憺《さんたん》たる敗戦を招いたものだった。

余談はさておき、小野田は、昭和十八年二月、ニューブリテン島はラバウル近郊のココホ陸軍病院で、ドライロットという一種のコレラ症状に冒され、骨と皮ばかりの脱水状態で入院していた辻政信少佐に会ったそうである。

辻参謀はその時、小野田報道班員に、

「おい、新聞記者、臥薪嘗胆《がしんしょうたん》という言葉を知っているか。おれは、これを嘗め闘ってきたんだぞ」

と、栗のような形の乾燥物をみせて昂然と、

「敵兵の肝だ」

と言ったという。

太平洋戦争の負け戦の転機となったがガダルカナル島の作戦指揮にあたっていた辻は、敵兵の死体から剔出《てきしゅつ》した臓腑《ぞうふ》の干しものを、豪胆《ごうたん》を装って嘗めたおぞましいふるまいの主だったわけだ。

特攻隊長の遺影

小野田が、零戦に二五〇キロ爆弾を抱かせ、敵空母の飛行甲板に突入させて、出来るだけ多数の敵空母を使用不能にさせる作戦の神風特別攻撃隊を知ったのは、大本営海軍報道部から徴用されフィリピン方面の海軍第二〇一航空隊付きになってからであった。
「俳句的自分史」に、その件は次のように書いている。

世界戦史上にも希有の「決死」ではなく「必死」の神風特別攻撃隊が誕生。初の特攻隊、敷島隊関行男大尉の報道となったわけである。

国民は太平洋戦争で昭和十九年十月二十九日付の新聞で、神風特別攻撃隊のことを初めて知らされたのである。この記事を報道し、関大尉（のちに二階級特進の中佐）の出撃姿を撮影したのは私で、戦後、草柳大蔵、柳田邦男さんら多くの人びとが、神風特攻隊の著書を出しているが、関大尉と私との会話が、すべてその下敷となっている。

小野田は、関大尉が率いる敷島隊五機が編成された日、マバラカットにあった基地に、朝日、読売、毎日の記者に加わって、同盟通信の社会部記者として取材に臨んでいた。

カメラマンは日映だけで、新聞社のカメラマンは居なかった。一通りの発表が終わった後、小野田は関大尉に声をかけられ、基地わきに流れるバンバン川の河原に誘われた。

当時、公式的な発表以外、報道は許されなかっただけに、急降下爆撃機の操縦士から、二〇一戦闘機隊に着任して早々、特攻隊の第一次指揮官に選ばれたわが身の運命の不条理を、新婚生活三カ月で別れてきた「KA《ケーエー》」（海軍の隠語で女房の意味）満里子に、何らかの手段で、伝えてほしかったのだろう。

新妻の満里子とは、関大尉が霞ケ関海軍航空隊の教官時代、熱烈な恋愛の末に結ばれていた。

それだけに満里子には、筆舌も及ばぬ熱い思いがあったのだろう。

関大尉は、小野田を伴い河原に腰をおろすと、

「ぼくは国のために行くんじゃない。最愛のケーエーを守るために死ぬんですよ」

と、前おきし、第一次指揮官に内定していた海兵七〇期生菅野直大尉が、飛行機受領に内地へ行っていたため、急遽《きゅうきょ》、同期の関に身代わりの白羽の矢が立った経緯などを語った。

その上で、必死必中の体当たりを厳命されたことに対して、

「ぼくなら体当りしなくても、敵艦に爆弾を命中させる自信がありますよ」

と、生還の可能性を語り、間をおいて、

「小野田さん、ケーエーのために写真を撮って下さいませんか」

と所望した。

この時に撮った写真が、昭和十九年十一月二日の国内の新聞に載った「出撃前の関大尉」であった。

のちに「写真週報」の表紙を飾ることになった。

小野田は、この時写真に添えて「関大尉の横顔」を書いたそうだが、情報将校に「軍神がこんなめめしいことを言うか！」と書き直しを命じられたという。

自らの身替わりになって散華《さんげ》した関大尉について、菅野直大尉は、当時、次の通りに語っていた。

「関大尉は四国松山に生まれ、母一人子一人だが、最近結婚したばかりである。海兵時代から非常な熱血漢で秀才であった。特攻隊長として真先に敵空母に突込んで行った彼の奮戦状況が目にみえるようだ。出撃前の彼は全く神々しいまでに神様のようになって、じっと空の一角を凝視していることが多かった」と。


昭和二十年二月、フィリピンから脱出した小野田政は、白衣を着て、病院船の高砂丸に乗り帰国、別府に上陸した。

その足で、愛知県西条市の関大尉の実家に弔問に訪れた。家の玄関には、仰々しく「軍神関中佐の家」のはり紙がはられ、表向きには何も話せない雰囲気だったので写真だけを渡して辞した。

その夜、軍神の未亡人になった満里子が、ひそかに小野田の泊まった宿に訪ねてきた。

「俳句的自分史」には、その件を次の通りに書いている。

恋愛結婚しただけあって、美しい女性だった。そこで私は、問わず語りに関大尉は「ケーエー」（女房）のことばかり話していたと、今生の別れの際の記憶している限りのことを打ち明けた。そして新聞や写真週報に掲げられた小野田の撮影による出撃の姿の写真は、「実は、奥さんに届けてほしい」と記念に撮ったものですと話すと、彼女はたまらずに泣き崩れた。

あれから、五十年経つが、あるテレビ会社の取材によると、関中佐の最愛のケーエーだった女性は、実家に帰り、医学を修めると女医として再出発し、元海軍軍医だった医師と再婚、子供さんも儲けて、幸福に暮らしているとのことである。

因みに、関行男大尉は、散華当時まだ、二十四歳の若さだった。

この話に類した秘話は、太平洋戦争下に少なくはなかった。中には、再婚することもなく、生涯を未亡人で過ごした女性もいた。戦時下は、美談のヒロインとして讃えられたが、敗戦後は一転、自由を謳歌する時代となり、〝戦争未亡人〟として逼塞した生涯を過ごす運命に悔恨する女性もいたという。

あとがき

二十年にわたる出版社勤めの後、出版界の落ち穂拾いに転じ、四十年余を過ごしてきた。

本好きが高じて、雑誌や本づくりにかかわる仕事に興味を持ち、同郷出身で戦後にいち早く歌と映画の娯楽読物雑誌を創刊して、一時期わが世の春を謳歌した新興出版社の社長の下に押しかけ、臨時のアルバイトに拾われたのがスタート点であった。

しかし、水ものといわれる出版業は、飛鳥川の流れに似て、昨日の淵ぞ今日は瀬となる激動の世界。あろうことか私が押しかけて拾ってもらった戦後派出版社は、社長派と副社長派の訌争《こうそう》で、あっという間に倒産してしまった。

元社長を推した残党は、再興を図ったが、一度躓いた出版社の再建は容易ではなく、厳しく鍛えられる期間もなく、私はデラシネの身となって転々とぜざるを得なかった。

二十代で味わったこの生活は、心に深い痕跡を残し疼きとなったが、余儀無い浪々の日々は自分で自分を律する外なく、過半は読書三昧に過ごした。

周辺を見ると、二十代で持て余す余暇を過ごす手段として、麻雀やスポーツ、楽器あさりなどに走る傾向がある。後年、担当する週刊誌から、ギャンブル小説に新境地を拓く阿佐田哲也の『麻雀放浪記』を送り出す任を担う身であったが、私は夜を徹してまで没我の境に浸るという麻雀には、ついに近づかないままで終った。

それればかりか、一時は猫も杓子も狂奔したゴルフにすら、社長のすすめでほんのちょっぴりプレイした程度で、あまりの下手糞さに自己嫌悪に陥り、遠ざかってしまった。

一日のプレイ代に二万も三万も投じるより、その金を読書に費した方が遥かに有用だの詭弁を弄する遁辞も忘れなかった。

しかし、休日のすべてをゴルフプレイに費し、会話のほとんどをゴルフの話題で占められている周辺を見るにつけ、その太平楽さに唖然としたことは事実であった。

事実、彼らの職を離れた後を見ると、これという目的もなく、漫然と暮しているケースが過半のようだった。

一方、スポーツも満足にできず、麻雀さえしない唐変木《とうへんぼく》の日常は、土・日と祭日以外は東村山の陋屋《ろうおく》から、新宿は末広通りのマンションの小部屋へ通うことで、なんとか辻褄を合わせてきた。

四十代半ばで職を追われた愚物に、世間体を考え、荊妻が提言した暮しの実践だった。〝教養〟と〝教育〟ならぬ「今日用」「今日行く」のある生活だった。

この高邁《こうまい》（?）な日々のおかげで、米寿を過ぎても六十代に見紛《みまが》われる体と気力の維持が、可能になったのである。

今にして思うと、四十半ばに職を追われたおかげで今日があるというわけで、もしあのまま出版社に居つづけたら、そこそこの要職に就けたかもしれないが、定年と同時に一切の属性を失い、無為無策の疑似認知症人間になっていただろう。

幸か不幸か、働きざかりの年代で社長から職を追われたおかげで、追い詰められ窮鼠猫を噛む体で、才能もかえりみず執筆に取り組み、四十年経ってみれば百余冊の拙作が濫作できたわけである。

その当時、子どもは幼く、家のローンも多額に残っていただけに、悲惨、悲壮の体だった。人生は一寸先は闇――。私を今日に導いて下さった多くの先達に、あらためてお礼を申し上げたい。

平成最後の早春　　　塩澤実信

塩澤実信（しおざわ みのぶ）
昭和５年、長野県生まれ。双葉社取締役編集局長をへて、東京大学新聞研究所講師等を歴任。日本ペンクラブ名誉会員。元日本レコード大賞審査員。主な著書に「雑誌記者池島信平」（文藝春秋）、「ベストセラーの光と闇」（グリーンアロー出版社）、「動物と話せる男」（理論社）、「出版社大全」（論創社）、「昭和の流行歌物語」「昭和の戦時歌謡物語」「昭和のヒット歌謡物語」「この一曲に賭けた100人の歌手」「出版街放浪記」（以上展望社）、「ベストセラー作家 その運命を決めた一冊」「出版界おもしろ豆事典」「昭和歌謡 100 名曲 part.1 〜 5」「昭和の歌手 100 列伝 part1 〜 3」「昭和平成大相撲名力士 100 列伝」「不滅の昭和歌謡」（以上北辰堂出版）ほか多数。

わが人生の交遊録――思い出の人　忘れ得ぬ人

2019 年 4 月 20 日発行
著者 / 塩澤実信
発行者 / 唐澤明義
発行 / 株式会社展望社
〒 112-0002 東京都文京区小石川 3 - 1 - 7 エコービル 202
TEL:03-3814-1997 FAX:03-3814-3063
http://tembo-books.jp
印刷製本 / モリモト印刷株式会社

ISBN 978-4-88546-357-0 定価はカバーに表記

好評発売中

この一曲に賭けた100人の歌手

塩澤実信

ISBN 978-4-88546-329-7

運命を賭けたデビュー曲！再起をめざした渾身の一曲！
それぞれの思いをこめてヒットを夢みた昭和の100人の
歌手たち！

四六判 並製　定価:2,000円+税

展望社